Peter Whiteheart

TATE TOPA

Der indianische Weg

Meditationen und Übungen zur Heilung von Mensch und Erde

Smaragd Verlag

Gewidmet meiner Familie:
Mutter Erde und Vater Himmel,
Großmutter Wasser und Großvater Feuer,
Schwester Pflanze und Bruder Tier.

1. Auflage Februar 1992
Titelbild Norbert Lösche
Smaragd Verlag Mara Ordemann, Heddesdorfer Str. 7,
5450 Neuwied 1, Tel. 02631/31111, Telefax 02631/25514
Gesamtherstellung: Graphoprint, Koblenz
Satz: Pro Publishing Service GmbH, 4053 Jüchen 7
ISBN 3-926374-26-8

INHALTSVERZEICHNIS

VORWORT

Ich spüre die Wärme der Erde, die Energie des roten Felsens in mir aufsteigen. Ich fühle den Wind auf meinem Gesicht und höre seinen Gesang, rieche die Düfte, die er mit sich bringt, und schmecke die Feuchtigkeit, die er durch die Luft trägt.
Ganz langsam fließt mein Körper in die Erde. Die leuchtende, belebende Wärme der Sonne und die beruhigende, sanfte Wärme der Erde berauschen mich. Ich bin an einen Kreislauf angeschlossen, der in mir ist und zugleich um mich herum. Ich kann nicht mehr unterscheiden, was mein Atem ist, und was der Wind.
Ich bin zum Teil dieser Landschaft geworden, meine Elemente sind in den Vier Elementen aufgegangen. Mein Körper ist Pflanze, Stein und Erde in einem. Mein Verstand fliegt mit dem Wind wie Vögel und Wolken. Meine Psyche fließt mit den Wassern zu meinen Füßen. Und mein Geist pulsiert mit den Strömen der Sonne. Meine Wahrnehmung ist reines Fühlen. Gedanken, Sorgen, Zeit und Wollen haben aufgehört zu existieren.
Plötzlich tauchen Bilder vor meinem geistigen Auge auf. Die Stationen meines Lebens ziehen an mir vorüber. Ich sehe mich als kleinen Jungen mit meiner Pfadfindergruppe in den bayerischen Voralpen, spüre die Kraft der Felsen und Bäume, erinnere mich an die mächtige Energie der Sommergewitter am Chiemsee und das Prasseln der Regenschauer am Watzmann.
Das Bild wechselt hinüber nach Delphi. Ich bin 16 Jahre alt. Ich starre für Stunden hinab in das grüne Tal und weiß noch nicht warum. Auf Kap Sounion bietet sich mir ein Sonnenuntergang, der mein Leben verändert. Ich sehe spontan Szenen aus einem früheren Leben in Griechenland. Aber ich weiß nicht, wo diese Bilder herkommen. Meine einzige Erklärung ist: ich muß eine rege Phantasie haben. Also entschließe ich mich, Schriftsteller zu werden.

Ansichten der Ludwig-Maximilian-Universität in München tauchen vor meinem inneren Auge auf. Ich versuche, den Atem der Geschichte und die fiebernde Phantasie der Dichtung zu spüren, aber ich trenne, analysiere und seziere anstatt zu erleben. Rom und der St. Peters-Dom sind plötzlich in meinem Blickwinkel. Ich betrachte Michelangelos Werk: Ist Sinnlichkeit der Weg zum Erleben?

In rascher Bildfolge jagt die Suche nach Er-Leben an mir vorüber: Reporter in Bonn, in Zürich, in Berlin, in Rom, im U-Boot und im Hubschrauber, Liebschaften und Affären – und dann plötzlich verlangsamt sich die Geschwindigkeit des inneren Films. Ich bin in den Indianerreservaten im Westen der USA, reite durch den Canyon de Chelly. Das ist 1981.

Ich kehre nach Deutschland zurück und werde freier Schriftsteller. Mein Rhythmus wird ruhiger, aber Innen und Außen sind immer noch im Durcheinander, nicht in Harmonie. Ich sauge alles in mich ein, was ich über Metaphysik und Hypnose erfahren kann, finde Meditationslehrer und reise zu den Kraftorten Externsteine, Elba, Montsegur und den Kanarischen Inseln. Aber alles, was mit mir selbst geschieht, ist das Gegenteil dessen, wonach ich trachte. Anstelle von innerem Frieden tauchen jetzt Unfrieden, anstelle von Ordnung Chaos auf. Meine Ehe scheitert, meine finanziell gesicherte Existenz bricht zusammen. Und meinen Beruf als freier Schriftsteller kann ich auch nicht mehr leiden. – Midlife-Crisis, ausgelöst durch eine spirituelle Orientierungslosigkeit.

Ich gehe nach Amerika. Am zweiten Tag nach meiner Ankunft zwingt mich ein vergessener Schlüssel, von Los Angeles nach Santa Barbara zu fahren. Ich sehe das Bild ganz stark vor Augen, wie ich zum ersten Mal die Berge von Santa Barbara zu meiner Rechten erblicke und mich im selben Moment spontane Erinnerungen – starke Bilder – an mein Leben in dieser Region um 1850 überfluten. Auf dem Weg nach Ojai mache ich am Lake Casitas halt: zwei Habichte haben mich die Serpentinenstraße zum See hinauf begleitet. Ich meditiere – umkreist von den beiden gefiederten Brüdern – und begegne meinem indianischen Bruder Red Feather.

Red Feather ist seither mein Begleiter, Helfer und Lehrer. Er bringt mich mit indianischen Heilern und Schamanen zusammen, und er bringt mich auf Tate Topa, den Indianischen Weg der Vier Himmelsrichtungen, der Vier Elemente.
Zunächst ist das für mich kein Vergnügen. Denn auf dem Indianischen Weg wirst du zuerst mit allem konfrontiert, was du bisher abgelehnt hast oder vor dem du bisher davongelaufen bist. In meinem Fall: der übermäßig Gereiste bindet sich an ein Heim, der Macho leistet Hausmannsdienste, der Junggeselle übernimmt die Vaterrolle, der Verschwender wird zum Sparer und der Privilegierte zum unbekannten Ausländer.
Bereiche, die jedoch bereits vorher nahezu balanciert sind, gleichen sich auf dem indianischen Weg mühelos aus. Mein altes Schreibproblem: zuviel Verstand, zuwenig Gefühl, wird vom Wind einfach weggeblasen, als ich an einem winzigen 50 x 100 Zentimeter großen Schreibtisch in einem winzigen Hotelzimmer ein Buch über Tarot und I Ging schreibe. Ich sehe deutlich den dunkelblau funkelnden Pazifik, auf den ich von dieser Kammer aus einen seitlichen Blick habe. Zum ersten Mal lasse ich Verstand und Gefühl ineinander fließen, lasse mir die Feder von meiner Inspiration führen. Die vierhundert Seiten sind in drei Monaten fertiggestellt. Anderes funktioniert ebenso mühelos. Ich vollende meine Ausbildung zum staatlich anerkannten Hypnosetherapeuten, schließe endlich meinen Ph.D. (Dr. phil.) ab und beginne, Seminare zu veranstalten.
Deutlich taucht jetzt das Bild des Oak Creeks in Sedona mit dem dahinter sich aufbäumenden Cathedral Rock vor meinem geistigen Auge auf. Ich sitze hier mit meiner ersten Seminargruppe. Wir reinigen Körper, Verstand, Psyche und Geist in dem plätschernden, klaren Bach. Ich fühle, wie ich loslasse. Das Bild wechselt zu Candy und Georgiana und Greg, Seminarteilnehmer, deren Leben sich nach dem Seminar zusammen mit meinem verändert hat. Candy studiert heute mit ihren 70 Jahren chinesische Medizin. Georgiana hat ihre große Liebe David geheiratet. Und Greg hat sich neu zu seiner Beziehung bekannt.
Ich selbst beginne, meine Ernährung umzustellen. Ich übe fast täglich die Körper–Meditationen, ich engagiere mich im Um-

weltschutz und ich bin in freier Natur, sooft ich kann. Ich beobachte meine negativen Gefühle und benutze die indianischen Techniken, um diese Emotionen ziehen zu lassen. Ich kommuniziere mit meinen geistigen Helfern und besuche mit meinen Seminaren die Kraftorte Ojai, California; Maui, Hawaii; Joshua Tree, California; Sedona, Arizona und die Canyons im Navajo–Reservat in der Four Corners Region, wo die US–Bundesstaaten Utah, Arizona, Colorado und New Mexico aneinander grenzen.

Alle diese Entwicklungen geschehen ohne mein angestrengtes Wollen. Aber die Veränderungen in mir sind dauerhaft. Imprägniert in meinem Unterbewußtsein durch die Kraft der Erlebnisse: die Reinigungszeremonie am Red Rock Crossing, die Energieaufladung im Boynton Canyon und die Wanderung zum Fuß des Canyon Chelly hinab. Bestärkt in meinem Verstandesbewußtsein durch die Weisheit meiner indianischen Lehrer: EagleBear, der Urgroßenkel des Apache–Häuptlings Geronimo; No Eyes vom Stamm der Chippewa; Lame Deer, dem Urgroßenkel des Sioux–Häuptlings Tahca Ushte; dem Medizinmann Sun Bear; dem Lehrer Thomas Banyacaya vom Stamm der Hopi und Red Feather, meinem Helfer.

Mein Bewußtsein kehrt von seiner Reise durch mein Leben zurück zum Medizinrad auf dem Airport–Mesa–Plateau in Sedona. Ich weiß nicht, wielange ich da gelegen habe. Aber von tief unten herauf spüre ich, wie ich langsam aus den Vier Elementen auftauche. Der Dualismus kommt wieder. Ich fühle: hier ist dieser felsige Grund – und hier ist mein Körper. Sofort werde ich mir bewußt, wie hart und unbequem der Boden ist. Ich stehe auf, die Trennung ist wieder vollzogen.

Aber die Landschaft sieht auf einmal anders aus. Ich fühle jetzt tiefe Zuneigung zu diesen roten Felsen, diesem sanften, dunkelgrünen Tal, das sich unter mir ausbreitet, und dem hellen, klarblauen Himmel über mir. Ich sehe das Medizinrad neben mir und fühle mich zu Hause. Endlich habe ich meine Heimat gefunden. Sie ist in mir und um mich herum. Mein jahrelanges Suchen ist vorüber.

TATE TOPA –
DER INDIANISCHE WEG

Tate Topa, der indianische Weg der Vier Elemente, hat meinem Leben neuen Sinn und eine neue Ordnung gegeben. Er hat mir geholfen, mein inneres Gleichgewicht wiederzufinden. Er hat meine Angst vor der Zukunft zerstreut und mir Richtung und Ziel gegeben. In meinen Seminaren mache ich die Erfahrung, daß Tate Topa jedem Menschen helfen kann.
Tate Topa ist ein begehbarer Pfad. er führt durch keine Irrungen und Wirrungen. Er hat klare Wegweiser, zum Beispiel nach der naturgemäßen Ernährung, nach dem sicheren Wohnort, oder nach dem natürlichen Lebensstil. Er weist zu Orten der Kraft, wo der Wanderer rasten und sich aufladen kann. Der Indianische Weg läuft geradlinig seinem Ziel entgegen: Inneres Gleichgewicht und Harmonie in und zwischen allem Lebenden zu schaffen.
Ich lade Sie ein, Tate Topa kennenzulernen. Folgen Sie mir, wenn ich Ihnen zuerst den Ausgangspunkt des Weges beschreibe: die Vier Elemente – und was sie mit uns zu tun haben. Begleiten Sie mich dann auf den Weg zum inneren Gleichgewicht, der über die vier Stationen Körper, Verstand, Psyche und Geist führt.

Im *ersten Teil* stelle ich Ihnen einige indianische Techniken vor, die Ihnen helfen:
- Ihren Körper wieder ins rechte Lot zu bringen;
- Streß abzubauen und ruhiger zu werden;
- sich naturgemäß zu ernähren;
- Ihren Beitrag zum Schutz der Umwelt zu leisten;

- einen Platz zu finden, an dem Sie Energie, Trost und Inspiration tanken können.

Folgen Sie den Meditationen und erschließen Sie sich die Erde als Quelle der Weisheit und Brunnen der Gesundheit.

Der *zweite Teil* zeigt Ihnen:

- ob Sie ein Denker oder Fühler sind;
- wie sie Ihren Verstand als Verbündeten Ihres Gefühls gewinnen können;
- wie Sie sich von Ihren Beschränkungen, Ihrer Selbstkritik und Ihrer Selbstverurteilung befreien können;
- wie Sie vom Schwarzseher zum Optimisten werden;
- wie Sie freier werden können, indem Sie Ihr lineares Zeit–Konzept aufgeben.

Neben anderen Entspannungsübungen wird Sie vor allem die Meditation „Der Flug des Adlers“ in neue Erfahrungsbereiche führen.

Um Ihre Gefühle geht es im *dritten Teil*. Lernen Sie:

- Sich von belastenden Gefühlen zu befreien;
- Ihre Angst zu überwinden;
- Sich mit sich selbst und anderen zu versöhnen;
- Nachsicht, Geduld, Mitgefühl, Achtung, Vertrauen und Liebe für andere und sich selbst zu gewinnen;
- Die Kommunikation mit Ihren Mitmenschen zu verbessern;
- Ihrer Intuition, der Quelle Ihrer Weisheit, zu folgen.

Mithilfe von indianischer Traumarbeit werden Sie lernen, die Symbole in Ihren Träumen als Energiequellen zu erfahren. Die Meditationen werden Sie zu innerer Ausgeglichenheit und Zufriedenheit führen. Und Sie sparen sich eine Menge Geld an Therapiekosten.

Der Geist ist unsere Verbindung zur nicht–stofflichen Welt. Darum geht es im vierten Teil. Die indianischen Rituale und Meditationen, die ich beschreibe, werden Ihnen Wege anbieten:

- Wie Sie Ihre innere Vision finden und ihr folgen können;
- Wie Sie die Verbindung zu Ihren geistigen Helfern (spirit guides) knüpfen können;

- Wie Sie mit den Vier Elementen verschmelzen und Energie aufnehmen können;
- Wie Sie Ihre wirkliche Kraft erkennen können, indem Sie sich als Teil des Ganzen sehen.

Wenn Sie noch mehr tun wollen, dann folgen Sie den Empfehlungen zur Vision Quest: gehen Sie einmal im Jahr zu einem der starken Kraftorte und machen Sie eine Bestandsaufnahme.

Der indianische Weg wird Sie auf praktische und einfache Weise in die natur–verbundenen Lebensanschauungen der Indianer Nordamerikas einführen. Er wird Ihnen zeigen, daß die Anwendung dieser Grundsätze in unserem Leben Sinn macht.

Der indianische Weg ist keine Lebens–Anschauung, sondern Lebens–Art. Er ermöglicht Ihnen, Ihren Körper wieder fit zu bekommen, Ihr inneres Gleichgewicht wiederherzustellen, Glück und Zufriedenheit zu erreichen, und Kontakt zur geistig–spirituellen Dimension herzustellen.

Die Vier Elemente

Die Vier Elemente sind die Bausteine des Universums. Feuer, Wasser, Erde, Luft sind der Stoff, aus dem unser Planet und unser menschlicher Körper gemacht sind.
Materie (Minerale, Pflanzen, Tiere), Luft (Winde, Sauerstoff, Atmosphäre), Wasser (Regen, Seen, Flüsse und Meere) und Feuer (Uran, Magnetfelder, Sonne) auf der Erde entsprechen Muskeln und Knochen, Atem und Kopf, Blut und Herz, Nerven und Geschlechtsorganen im menschlichen Körper.
Die Vier Elemente sind jedoch nicht nur die vier Grundbaustoffe, sondern auch die vier Energien, auf denen sich unser Leben aufbaut. So wie der Mensch zum Leben die physische, die intellektuelle, die emotionale und die spirituelle Energie braucht, so wird auch unser Planet von den Energien des Nordens, des Westens, des Südens und des Ostens bestimmt. So wie die Natur die Wachstumsstadien des Frühlings (Feuer), des Sommers (Wasser), des Herbstes (Luft) und des Winters (Erde) und der Tag die Stadien des Morgens, Mittags, Nachmittags und Abends durchläuft, so entwickelt sich auch der Mensch vom Kind zum jungen Erwachsenen, dann zum reifen Erwachsenen und schließlich zum Senior.
In der Astrologie taucht dieser Rhythmus wieder auf in den Feuerzeichen (Widder, Löwe, Schütze), den Wasserzeichen (Krebs, Skorpion, Fische), den Luftzeichen (Zwilling, Waage, Wassermann) und den Erdzeichen (Stier, Jungfrau, Steinbock).
Das Tarot–Kartendeck, das auf die jüdische Kabbala und die Traditionen der Sinti zurückreicht, hat vier Reihen: Münzen (Erde), Schwerter (Luft), Kelche (Wasser) und Stäbe (Feuer).
Die Kelten verehrten die Gottheiten = Energien der vier Jahreszeiten Beltane (Feuer/Frühling), Lugnasad (Wasser/Sommer), Samain (Luft/Herbst) und Imbolc (Erde/Winter). Das Christen-

tum nahm diese Verteilung ebenfalls auf: Gott–Vater, Sohn, Heiliger Geist und Jungfrau Maria, und in den Erzengeln Michael (Feuer), Gabriel (Wasser), Raphael (Luft) und Ariel (Erde).
Die Indianer Nordamerikas waren es jedoch, die dem Urprinzip der Vier die dominierende Rolle in unserem Leben zugewiesen haben. Gesund und glücklich zu sein, ist nach ihrer Ansicht nur möglich, wenn diese vier Grundenergien im Gleichgewicht sind: im Einzelnen und auf unserem Planeten Erde. Sehen wir uns einmal an, ob und wie dieses Gleichgewicht gestört worden ist.

Das Gleichgewicht der Elemente – heute

Die Wälder werden abgeholzt, unsere Mineralvorkommen ausgebeutet, der Boden ist mit Chemikalien verseucht, und Pflanzen und Tiere sind vom Aussterben bedroht. Der Mensch verursacht mit diesen Maßnahmen eine Störung des Gleichgewichts: der Boden verliert an Fruchtbarkeit, die Wälder bieten keinen Schutz mehr gegen den Wind (das Element Luft wird zu stark), die Erosion des Bodens dämmt den Regen nicht mehr (das Element Wasser nimmt überhand), die Erde wird wärmer (das Element Feuer übersteigt seine natürliche Grenze). Das Element Erde selbst gerät außer Rand und Band: Erdrutsche und Erdsenkungen häufen sich.
Die Luft ist verpestet. Gase und Schadstoffe zerstören den lebensnotwendigen Ozonschild, erlauben somit den gefährlichen UV–Strahlen (Element Feuer) ungehinderten Zutritt. Die künstlich erwärmte Luft führt zu klimatischen Veränderungen und zu einem Übermaß an Luft–Energie: es kommt zu Tornados und Wirbelstürmen, die Sturmfluten und Überschwemmungen (= überschäumendes Wasser–Element) erzeugen.
Unsere Gewässer sind verschmutzt. Die Versorgung mit Trinkwasser ist gefährdet, die Fische sterben aus. Emissionen (= aus den Fugen geratenes Luft–Element) beschädigen das Wasser–Element, indem sie den Regen sauer machen. Das so gestörte Wasser–Element zerstört dann das Erd–Element: der Boden wird sauer, die Bäume sterben.

Wir heizen die Atmosphäre auf, indem wir zuviel elektrische und atomare Energie erzeugen. Das Element Feuer gerät aus dem Gleichgewicht. Es kommt zu Dürrekatastrophen, Hitzewellen und Wald- und Flächenbränden: die über das Maß hinausgeschossene Feuerenergie zerstört das Element Erde.
Die Vier Elemente sind völlig aus dem Gleichgewicht geraten. Auch beim Menschen.
Erde: Die Zahl auftretender Krankheiten steigt ständig – trotz modernster medizinischer Erfolge. Wir schwächen unseren Körper mit der Nahrung, die wir essen, mit der Luft, die wir einatmen, mit dem Wasser, das wir trinken, und mit der atomaren und elektromagnetischen Energie, von der wir umgeben sind.
Luft: Der intellektuelle Zustand der Menschheit gibt Anlaß zur Sorge. Geld und Macht dominieren das Denken. Krieg und Kampf, resultierend aus dem übermächtigen Konkurrenzdenken, haben die Oberhand über Gedanken des Überlebens, der Freiheit, Gleichheit und Brüderlichkeit. Das Emotionale (Element Wasser) und das Spirituelle (Element Feuer) werden vernachlässigt. Wasser: Die Emotionen sind durch die Dominanz des Verstandes–Elements gestört. Angstzustände, Depressionen, Psychosen sind die Folge. Das Erd–Element wird von diesen schädlichen Gefühlen geschwächt: Sexuelle Probleme, psychosomatische Krankheiten treten auf.
Feuer: Der alles beherrschende Verstand hat das Spirituelle im Menschen abgeschafft. Die spirituelle Energie und Sehnsucht ist in intellektuell geführte Religionen und Kirchen abgelenkt worden. Die so mißgeleitete Energie schädigt alle drei übrigen Elemente Erde=Körper, Luft=Verstand, und Wasser=Psyche, indem sie in Drogenmißbrauch, religiösem Wahn und Gewaltverbrechen ausbricht.

Die Folgen des Ungleichgewichts

Der von der Menschheit eingeschlagene Kurs ins Ungleichgewicht wird ernsthafte Folgen haben, wenn wir ihn nicht korrigieren. Die Prophezeiungen der Indianer, auf Steintafeln oder in

Felszeichnungen festgehalten, weissagen, daß die Vier Elemente völlig „verrückt spielen" werden, wenn wir unseren Kurs in die Zerstörung beibehalten.
Wir haben allen Grund, diese Weissagung ernst zu nehmen, denn ihre Trefferquote ist beeindruckend. Diese Jahrhunderte alten Prophezeiungen sagten unter anderem voraus: die Besiedlung Amerikas durch die Weißen, den globalen Herrschaftsanspruch von Deutschland und Japan und den daraus resultierenden Zweiten Weltkrieg, die Erfindung des Automobils und des Telefons, den Bau der transkontinentalen Autobahnen, die Raumfahrt, die Mondlandung und die jetzt beginnende Amerikanisch–Russische Freundschaft.
Behalten wir unseren bisherigen Weg des Ungleichgewichts bei, dann werden unsere Körper – so prophezeien die Indianer – so geschwächt werden, daß unser Immunsystem Seuchen nicht mehr abwehren kann. Unser Verstand wird von Geldgier und Machthunger so verblendet werden, daß Mord und Totschlag als akzeptabel betrachtet werden. Gefühle werden unvermittelt in uns ausbrechen und Trauer, tiefe Depressionen, Panikzustände und Angstpsychosen in globalem Ausmaß verursachen. Die Mißachtung des Spirituellen wird weltweit zu einem Verlust der Menschlichkeit führen und den Weg zur Zerstörung des Menschen und der Erde freimachen.
Auf unserem Planeten – so sagen die Indianer voraus – wird sich das Element Erde mit gewaltigen Erdbeben und Vulkanausbrüchen selbst wieder in Balance und neues, unverseuchtes Erdreich zu Tage bringen. Das Element Wasser wird sich mit Hochwassern, Überschwemmungen und Sturmfluten erneuern. Das Element Luft wird sich in Wirbelstürmen und Orkanen entladen und die Atmosphäre reinigen. Das Element Feuer wird sich durch Hitzewellen, Dürreperioden und Feuerstürme ausgleichen.
Ein Teil der Menschheit wird diesen Reinigungsprozeß nicht überstehen, warnen die Indianer.

Was wir tun können

Unsere Fehler können korrigiert werden. Das stark anwachsende Interesse am Umweltschutz ist ein ermutigendes Zeichen. Aber bevor wir die „Erde retten“, müssen wir uns selbst retten, uns selbst ins Gleichgewicht bringen. Wir müssen uns gesünder ernähren und unseren Körper heilen. Wir müssen positiv denken lernen und unsere alten Denkmuster ablegen. Wir müssen unsere Gefühle ausdrücken und beginnen, uns selbst und andere zu lieben. Wir müssen wieder spirituell werden und uns als Teil der Schöpfung (und nicht als deren Herrscher) sehen.
Die Indianer weisen uns den Weg zu diesem Ziel. Mit einfach anwendbaren Methoden zeigen sie uns die Richtung zu innerem Gleichgewicht. Bevor ich Ihnen diese indianischen Ratschläge und Techniken vorstelle, lade ich Sie ein, sich für ein paar Augenblicke zu entspannen und die folgende Meditation zu genießen.

MEDITATION: Entspannung von Körper, Verstand, Psyche und Geist

Wo auch immer du gerade in diesem Augenblick bist, in dem du diese Zeilen liest: ob im Flugzeug, im Schiff, im Zug, in der U-Bahn, im Bus, am Schreibtisch, im Bett, auf dem Sofa, im Haus oder in der freien Natur – ändere einfach Sitz- oder Liegeposition und lockere dabei deine Muskeln.
Schließ deine Augen, nachdem du einen Absatz gelesen hast, und mache die Übung, bevor du beim zweiten, dritten oder vierten Abschnitt weiterliest.
Nachdem du es dir bequem gemacht hast, atme tief und langsam ein (Mach jetzt, während du diese Zeilen liest, gleich einmal einen Testlauf: dein Atemzug sollte langsam genug sein, daß du im Geist bequem bis vier zählen kannst, halte den Atem in deinem Bauch für ein, zwei Sekunden, und dann atme langsam mit einem langen Hauch aus. Stell dir beim Ausatmen vor, wie alle Verspannungen einfach von deinem Körper in den Boden unter deinen Füßen fließen. All diese Kopfschmerzen und Rükkenschmerzen, diese Verspannungen in den Schultern und im

Genick, in den Bauch- und Beinmuskeln. Wiederhole dieses langsame Ein und Aus deines Atems noch weitere drei Mal und vergiß nicht dein geistiges Bild vom Fließenlassen.
Schließ jetzt deine Augen und mache diese „Übung".
Nimm dann den fünften langsamen Atemzug, spüre, daß du bereits ruhiger geworden bist. Fühle die Wärme in deinem Bauch, während du den Atem wiederum kurz anhälst. Stell dir beim Ausatmen vor, wie alle deine Sorgen und belastenden Gedanken von einem Windhauch aus deinem Verstand hinausgefegt werden. Die Probleme mit deinem Chef oder bei deiner Arbeit, die Geld- und Zukunftssorgen, deine Selbstkritik und Selbstverurteilung. Atme insgesamt viermal in dieser Weise.
Atme dann zum neunten Mal tief ein. Du bist nun ganz im Hier und Jetzt und spürst die wohlige Entspannung von deinem Bauch aus sich über deinem ganzen Körper ausbreiten, während du kurz den Atem anhälst. Stell dir beim Ausatmen vor, wie quellklares Wasser alle negativen Gefühle aus dir herausspült. Den Zorn und die Wut gegenüber deinem Partner und deinem Kind, deinen Verwandten und Bekannten, Neid, Mißgunst und deine Unfähigkeit, dich selbst voll zu akzeptieren und zu lieben. Du hast vier tolle Atemzüge Zeit dazu.
Atme jetzt zum dreizehntenmal tief und langsam ein. Sei dir bewußt, wie gelöst du bist. Fühle Dankbarkeit für diesen Zustand, während du kurz deinen Atem anhälst. Spüre beim Ausatmen, wie sich dein Körper, dein Verstand und deine Seele mit einer warmen, gleißenden Lichtenergie anfüllen. Du fühlst dich frisch und neu und schwerelos. Du kannst es in insgesamt vier Atemzügen genießen.
Du kannst diese kleine Entspannungsübung jederzeit und überall machen. Mit der Zeit wird sie dir zu einem alltäglichen Begleiter werden. Täglich angewendet, wirst du die Wirkung dieser Kurzmeditation schon bald in deinem Leben verspüren. Viel Spaß!

TEIL I

ERDE = KÖRPER

TEIL I: ERDE = KÖRPER

Materie, sei es die Erde oder unser menschlicher Körper, ist keine solide Masse, sondern eine Ansammlung wirbelnder Atome, die Moleküle bilden. Diese Moleküle wiederum ballen sich als Haut, Fleisch und Knochen zusammen. Der größte Teil unseres Körpers jedoch ist leerer Raum, durch den sich die Energien unserer Umwelt hindurchbewegen. Dieser Freiraum erlaubt den Molekülen, stets neue Konfigurationen zu bilden. Wachstum und Veränderung werden auf diese Weise möglich.
Die Bewegung der Atome und Moleküle erzeugt Schwingungen. Da jedes Stück Materie eine unterschiedliche Molekül–Struktur aufweist, schwingt jeder Körper verschieden. Der Volksmund weiß von dieser Tatsache: „Der ist nicht auf meiner Wellenlänge", sagen wir über jemanden, der zu verschieden von uns ist. Nahrungsmittel, Einrichtungen, Wohnorte – sie alle erzeugen Schwingungen, die unsere Eigenvibration entweder fördern und unterstützen oder hemmen und behindern. Sie können uns heilen oder krankmachen.
Den Indianern Nordamerikas ist diese physikalische Wahrheit seit alters bekannt. Ihre Ratschläge können uns helfen, unseren Körper in eine gesunde Balance und damit in Harmonie zur Erde zu bringen. Vier Bereiche müssen dabei beachtet werden:

1. Ernährung,
2. Körper–Training,
3. Wohnort–Wahl und
4. Umwelt–Schutz.

Nur wenn die Schwingungen auf allen vier Ebenen harmonisiert werden, können wir Gesundheit und Glück erreichen.

1. Gesunde, naturgemäße Ernährung

Bevor wir entscheiden, welche Nahrung wir zu uns nehmen wollen, müssen wir zwei Fragen von grundlegender Bedeutung beantworten:

- Welche Nahrung hat dieselbe Schwingungsfrequenz wie unser Körper?
- Welche chemische Reaktion lösen Nahrungsmittel aus, wenn sie vom Körper verdaut werden?

Ich erinnere mich noch gut daran, wie mein Großvater Speck und fettes Fleisch in großen Mengen verzehrte, und es mir als kleinem Jungen jedesmal den Magen umdrehte, wenn ich ihn dabei beobachtete. Mein Großvater brauchte diese Art der Ernährung für seine harte Arbeit unter Tage. Er war Bergmann im Kohlerevier. Für mich, den Grundschüler, wäre seine Nahrung völlig fehl am Platze gewesen. Oder anders ausgedrückt: die Schwingungsfrequenz seiner Nahrungsmittel harmonierte nicht mit meiner eigenen Schwingung.

Leider tragen wir diesem Umstand kaum Rechnung. Kritiklos übernehmen wir die Ernährungsmodelle unserer Vorfahren und wundern uns, warum wir im Gegensatz zu unseren Ahnen so wenig gesund sind. Herzerkrankungen und Krebs häufen sich in unseren westlichen Gesellschaften in noch nie dagewesenem Ausmaß. Fett, Fleisch und Zucker – wichtige Bestandteile der Ernährung für körperlich hart arbeitende Menschen – ist für viele von uns, die an Schreibtischen arbeiten und sich mit dem Auto fortbewegen, ein Ballast, an dem unser Körper hart zu schlucken hat.

Die Schwingungen stimmen nicht mehr überein. Der Hauptgrund für diese Diskrepanz liegt in der chemischen Reaktion, die diese Speisen in uns auslösen. Die Säure–produzierenden Nahrungsmittel, Fett, Fleisch, Käse, Eier, Brot, schädigen nicht nur unseren Körper, sondern auch unseren Verstand und unsere Psyche. Sodbrennen, Kopfschmerzen, Müdigkeit, Konzentrationsschwierigkeiten, Niedergeschlagenheit und Depressionen sind nur einige der negativen Folgen.

Eine Umstellung auf Alkalien–produzierende Nahrungsmittel ist notwendig. Früchte und Gemüse sollten 80% unseres Speisezettels ausmachen, nur 20% sollten aus Fleisch, Milch- und Getreideprodukten bestehen. Auf der Schautafel 1 hinten im Buch sehen Sie diese Grundnahrungsmittel in Ring 1 und Ring 2. Ring 3 zeigt Ihnen die Speisen, die Sie bis auf gelegentlichen Verzehr einschränken sollten. Vermeiden Sie die in Ring 4 genannten Speisen.
Diese Ratschläge sind nur allgemeine Richtlinien. Wenn Sie die Ihnen gemäße Ernährung (jeder Körper schwingt verschieden!) finden wollen, dann fragen Sie Ihren Arzt oder Heilpraktiker, ob der hier vorgestellte Ernährungsplan für Sie richtig ist.
Sie wissen jetzt, was Sie essen können. Folgen Sie nun einigen indianischen Empfehlungen, wie Sie essen sollten:

1. Finde innere Ruhe, bevor du ißt. Wenn du nervös, gehetzt oder ärgerlich bist, kann dein Körper die aufgenommenen Speisen nicht voll verdauen. Das gute, alte Tischgebet trägt dieser Tatsache Rechnung: Es verlagert unsere Gedanken vom Alltagsgeschehen auf das Essen und beruhigt uns innerlich mit der Danksagung an Gott und Mutter Erde.
2. Iß langsam und kaue gründlich. Du hilfst nicht nur deiner Verdauung, sondern du zügelst auch deinen Appetit.
3. Kombiniere keine Speisen, die nicht zusammengehören:
   - Keine Stärke (Knödel) mit Fleisch, Früchten, Käse oder Süßem (zu lange Verdauungszeit);
   - Kein Fleisch oder Fisch mit Milchprodukten, Süßem oder Früchten;
   - Keine Zitrusfrüchte oder deren Säfte mit Milch.
4. Bevorzuge Obst und Gemüse aus deiner Gegend. Sie helfen dir, eine natürliche Widerstandskraft gegen die Krankheitserreger in deiner Region aufzubauen.
   Kaufe organisch gewachsene Produkte und halte so deinen Körper von Chemikalien frei.
   Wenn möglich, baue dein eigenes Obst und Gemüse an.
5. Ernte Früchte und Gemüse erst, wenn sie reif sind. Andernfalls verhinderst du, daß sich ihre Nahrungsstoffe und Vitamine entfalten können.

6. Vermeide Speisen mit Konservierungsstoffen und künstlichen Zusätzen, frittierte Speisen (Pommes frites etc.), Süßstoffe und Schokolade (Säure!).
7. Reduziere drastisch: Schweinefleisch, Rindfleisch, Innereien, Eiweiß, Süßigkeiten, vor allem Kuchen, und Alkohol.
8. Trinke mindestens acht Glas Wasser pro Tag:

   - Das erste nach dem Aufstehen,
   - das zweite nach dem Frühstück,
   - das dritte am Vormittag,
   - das vierte vor dem Mittagessen,
   - das fünfte nach dem Mittagessen,
   - das sechste am Nachmittag,
   - das siebte vor dem Abendessen,
   - das achte nach dem Abendessen.

Nieren, Leber und Verdauung werden es Dir danken.

2. Körper-Übungen

Neben falscher Ernährung ist es vor allem die mangelnde Blutzirkulation, die unseren Körper aus dem Gleichgewicht bringt. Vorbei sind die Tage, an denen wir kilometerweit gehen mußten, um Freunde zu treffen oder Waren einzukaufen. Das Auto ermöglicht uns, überallhin zu gelangen, ohne auch nur den Fuß zu heben.
Der erste Schritt zu einem gesunden Körper ist daher: Gehen Sie, so oft Sie können, zu Fuß. Steigen Sie Treppen, anstatt den Aufzug oder die Rolltreppe zu benützen. Nehmen Sie sich täglich Zeit für einen Spaziergang, vorzugsweise in der Natur.
Der zweite Schritt ist ein Minimum an Streckübungen. Beginnen Sie jeden neuen Tag damit, sich nach dem Aufstehen zu strecken:

Übung 1

Stehe aufrecht und hebe deinen Körper langsam an, indem du dich auf deine Zehen stellst. Atme dabei tief und langsam ein. Bringe dabei deine Arme nach oben über deinen Kopf. Aus dieser gestreckten Haltung beuge dich dann nach vorn und laß deine

Fingerspitzen deine Zehen berühren. Wenn dein Kopf ganz unten ist, dann atme mit einem kräftigen Atemzug aus. Wiederhole diese Übung mindestens viermal.
Sie sind jetzt für den neuen Tag gerüstet. Ihre Beinmuskeln sind belebt. Während des Tages können Sie Ihren Kreislauf anregen und Müdigkeit und Verspannungen vorbeugen, wenn Sie alle zwei Stunden zwei weitere Streckübungen ausführen:

Übung 2

Sitze aufrecht mit gelockerten Schultern. Laß nun langsam deinen Kopf nach vorn auf deine Brust fallen, lockere dich und wiederhole dann den Vorgang, insgesamt viermal.
Drehe dann deinen Kopf langsam und ohne jede Anstregung 360 Grad viermal nach links. Wiederhole die Drehung viermal nach rechts. Wichtig ist dabei, daß du es langsam und mühelos tust.
Schließlich streckst du deinen Kopf viermal nach hinten.

Der Effekt dieser Übung ist, daß Sie die Blutzirkulation in Kopf und Nacken erhöhen und mit der erhöhten Blutzufuhr Ihren Lymphdrüsen helfen, Schadstoffe abzubauen. Eine weitere Übung hilft Ihnen tagsüber, sich frischer und dynamischer zu fühlen.

Übung 3

Stell dich aufrecht hin. Umfasse mit einer Hand den Daumen der anderen Hand hinter deinem Rücken. Strecke jetzt deine Arme in Richtung Boden.
Atme tief ein, während du dich auf deine Zehen stellt, und schau nach oben. Vergiß nicht, deine Arme weiterhin nach unten zu strecken. Behalte diese Streckposition für einige Sekunden bei.
Laß dann los, während du langsam ausatmest.
Strecke dich langsam viermal.

Am Abend, nach der Arbeit oder bevor Sie zu Bett gehen, empfehle ich Ihnen eine weitere Übung:

Übung 4:

Lege dich mit dem Gesicht nach unten auf den Boden, als würdest du Liegestütze machen. Presse deine Fußsohlen dabei gegen eine Wand. Strecke dann deine Arme, so daß sich dein Körper wie beim Liegestütz erhebt.
Drehe jetzt deine Hüften, viermal im Uhrzeigersinn und viermal gegen den Uhrzeigersinn. Wenn dir die Übung zu anstrengend ist, kannst du dich mit deinem Ellbogen anstelle deiner Hände abstützen.

Diese vier Übungen – so einfach sie auch sind – werden Sie beleben und Ihnen helfen, sich wohler zu fühlen. Verspannungen, Kopf- und Rückenschmerzen, mittlerweile Volkskrankheiten in den westlichen Industrienationen, können so vorgebeugt werden.
Um diese lähmenden Muskelschmerzen zu vermeiden, müssen jedoch auch einige Grundregeln für unsere Haltung beachtet werden.

Gesunde Haltung

Siehe Schautafel 2

Streckübungen und gesunde Haltung erscheinen auf den ersten Blick mit der Lebensweise der Indianer wenig zu tun zu haben. Aber wir leben auch nicht in Tipis und bestreiten unseren Lebensunterhalt nicht mit Fischen und Jagen. Tate Topa bedeutet, den Indianischen Weg auf unsere Lebensverhältnisse zu übertragen. Tate Topa fordert, den Körper in Harmonie zu bringen. Streckübungen und gesunde Haltung sind Schritte auf diesem Weg.

Ein weiterer Schritt sind die den Vier Himmelsrichtungen zugewiesenen Übungen. Sie überschreiten den Rahmen bloßer Gymnastik, indem wir sie in einer spirituellen Haltung ausführen. Die im Folgenden vorgestellten Bewegungen sind seit meinem ersten Seminar mit dem Schamanen EagleBear in Sedona zu meiner täglichen Körper–Meditation geworden.

Die ersten fünf Meditationen werden zu Ehren der Energien des Nordens nacheinander ausgeführt. Mit ihnen bedankst du dich für deine physische Gesundheit und Standfestigkeit, dankst deinen Beinen und ihren Muskeln. Entspanne dich zuerst mit vier tiefen Atemzügen und verbeuge dich dabei gegen Norden.

Körper–Meditation des Nordens

1) *Sitze im L–Sitz: den Oberkörper gerade, die Beine ausgestreckt am Boden. Die Füße sind eng nebeneinander. Während du dich nach vorne beugst und deine Finger deinen Knöcheln entgegenstreckst, fühle die Energie durch deine ausgestreckten Beine fließen. Danke dieser Erd–Energie. Bleibe für ca. eine Minute in diesem Strecksitz. Laß los.*
2) *Sitze im L–Sitz. Diesmal mit ausgebreiteten Beinen. Strecke deine Arme und Hände geradeaus vor dir in den Boden, so daß sie zwischen deinen beiden Füßen ruhen. Fühle die Energie jetzt durch deine Arme und über deinen Rücken fließen. Danke der Erd–Energie. Verweile ca. eine Minute lang. Laß los.*
3) *Sitze wie in Position 2. Strecke deine Arme und Hände zuerst zum linken, dann zum rechten Bein. Fühle die Energie durch Muskeln in deinem Rücken fließen, derer du vorher nicht gewahr warst. Danke der Erd–Energie. Halte die linke und rechte Position für ca. je eine halbe Minute. Laß los.*
4) *Sitze im Schmetterlings–Sitz: die Fußsohlen aneinander, die Füße möglichst nah an deinen Unterleib herangezogen, die Hände deine Knöchel umfassend, die Ellenbogen auf der Innenseite der Oberschenkel oberhalb der Knie ruhend. Drücke jetzt deine Beine mit deinen Ellbogen für ca. eine*

Minute nach unten. Spüre die Spannung in deinen Beinmuskeln. Danke der Erd–Energie. Laß los.

5) *Knie in der Tier–Stellung: Knie und Hände auf dem Boden. Reiche mit der rechten Hand nach hinten zu dem Knöchel deines linken Fußes und ziehe die linke Ferse in Richtung Gesäß. Laß dein Knie am Boden entlang schleifen, bis du die Spannung fühlst. Danke der Erd–Energie und verbleibe für ca. eine halbe Minute in dieser Stellung. Laß los. Greife dann mit der linken Hand zum rechten Knöchel und ziehe die rechte Ferse zum Gesäß. Halte die Position wiederum für ca. eine halbe Minute. Laß los.*

Körper–Meditation des Westens

Die nächsten sieben Körper–Meditationen sollen die Energien des Westens ehren. Danke deinem Kopf, deinem Nacken, deinen Schultern und Atemwegen für den vorzüglichen Dienst, den sie dir tagaus, tagein leisten. Atme viermal tief ein und aus, während du dich gegen Westen verbeugst.

1) *Stehe in der Adler–Position: Beine gespreizt, Arme parallel zum Boden ausgestreckt. Während du die Arme für ca. eine Minute oben behälst, atme tief ein und aus und danke deinen Atemwegen und -organen. Laß los.*
2) *Stehe in der Demuts–Haltung: die Beine gespreizt, die Knie durchgestreckt. Falte deine Hände hinter deinem Nacken zusammen und beuge deinen Oberkörper nach vorn, so daß deine Ellbogen in Richtung Boden weisen. Während du die Stellung für ca. eine Minute hälst, dankst du deinem Nacken für den Halt, den er dir stets gibt. Laß los.*
3) *Stehe in Demuts–Haltung: diesmal mit den Beinen zusammen. Umfasse mit deinen Händen die Innenseite der Knie, während du dich nach vorn beugst und deinen Kopf so nahe wie möglich an die Vorderseite der Knie bringst. Bleibe so für ca. eine Minute und danke deinem Kopf. Laß los.*
4) *Stehe in Demuts–Haltung: Beine zusammen, Hände nach oben gestreckt. Beuge dich ganz langsam nach vorne und unten und versuche mit deinen Fingerspitzen deine Zehen zu*

berühren. Spüre jeden Wirbel in deiner Wirbelsäule, während du dich immer tiefer beugst. Verharre in dieser Stellung für ca. eine Minute und fühle die Energie durch deine Wirbelsäule pulsieren. Danke der Luft–Energie. Laß los.

5) *Stehe mit gespreizten Beinen und Armen. Strecke jetzt deinen linken Arm neben deinem linken Bein zum Boden und führe dabei deinen rechten Arm – wie in einer C–Kurve – über deinen Körper nach, so daß beide Arme in Richtung linker Fuß gestreckt sind. Streck dich für ca. eine halbe Minute und fühle die Muskeln deines Oberkörpers. Danke ihnen. Laß los. Wiederhole den Vorgang auf der rechten Seite.*
6) *Stehe im Griff: Beine gespreizt, den linken Arm auf den Rücken gebracht, die linke Hand zu den Schultern gestreckt. Bringe den rechten Arm über die Schulter auf den Rücken und berühre oder halte mit deiner rechten deine linke Hand. Fühle für ca. eine halbe Minute den Energiekreislauf und danke der Luft–Energie. Wechsle dann die Seiten. Laß los.*
7) *Stehe in der Umarmung: Beine gespreizt. Die rechte Hand berührt dein linkes und die linke Hand dein rechtes Schulterblatt. Während du dich in dieser Weise umarmst, fühle Zuneigung für dich selbst und deinen Körper in dir aufsteigen. Genieße es für ca. eine Minute.*

Körper–Meditation des Südens

Wenn wir die Energien des Südens ehren, danken wir dem Element Wasser, dem Herz und dem Blutkreislauf. Die folgenden vier Körper–Meditationen sollten in diesem Geiste ausgeführt werden. Atme viermal tief ein und aus, während du dich gen Süden verbeugst.

1) *Liege auf dem Bauch. Laß dein Kinn auf den vor dir verschränkten Armen ruhen. Hebe jetzt das rechte Bein vom Boden ab. Halte dabei das Knie ausgestreckt. Halte das Bein in dieser Position, während du bis vier zählst, und laß es dann langsam zurück auf den Boden gleiten. Laß los. Wiederhole den Vorgang viermal rechts und viermal links.*

2) Liege flach auf dem Bauch, die Arme wie zum Liegestütz nach innen angewinkelt. Atme tief ein, während du deinen Körper mit deinen Armen nach oben drückst. Sobald deine Arme ausgestreckt sind, atme tief aus und wieder ein. Laß dich langsam wieder zu Boden gleiten, während du langsam ausatmest. Danke deinem Herzen. Wiederhole den Vorgang viermal. Laß los.

3) Liege ausgestreckt auf der Seite, den Kopf auf deinen Armen ruhend. Hebe jetzt das linke Bein an und strecke es senkrecht nach oben. Zähle langsam bis vier, laß dann das Bein langsam wieder nach unten fallen. Wiederhole den Vorgang insgesamt viermal links und viermal rechts.

4) Liege auf dem Rücken. Strecke deinen linken Arm seitwärts in Schulterhöhe. Hebe jetzt dein linkes Knie an und hebe es über das rechte Bein, während du deinen Kopf langsam nach links drehst. Oberkörper und linkes Bein weisen nun in die entgegengesetzte Richtung. Nachdem du dich auf diese Weise gestreckt hast, kehre in die Ausgangsposition zurück, strecke den rechten Arm seitwärts und das rechte Bein nach links, den Kopf wiederum in die Richtung des ausgestreckten Arms bewegend. Wenn du diese Übung langsam durchführst, wirst du fühlen, wie sich einige Wirbel einrenken. Zweimal auf jeder Seite reicht aus.

Körper–Meditation des Ostens

Die Energien des Ostens stehen für dein Nervensystem und deine Sexualenergie. Sie zu stimulieren und ihnen gleichzeitig zu danken, ist Sinn der nächsten vier Körper–Meditationen. Atme wiederum viermal tief ein und aus und verbeuge dich gen Osten.

1) Liege auf dem Rücken, deine Hände neben deinem Oberkörper ruhend, deine Knie ausgestellt, beide Füße flach am Boden. Hebe jetzt, während du einatmest, deinen Körper (vom Nacken bis zu den Oberschenkeln) an, atme langsam aus und wieder ein und laß dann deinen Körper langsam wieder zu Boden sinken, während du ausatmest. Während du am Boden liegend ruhst, presse deinen Rücken vom Gesäß begin-

nend bis zum Nacken gegen den Boden. Fühle die Feuer–Energie in deinem Unterleib. Laß los. Wiederhole die Übung noch drei weitere Male.

2) *Liege auf dem Rücken. Umfasse das rechte Knie mit beiden Händen und ziehe es zu deiner Brust, bis es so nahe am Kinn ist wie möglich. Strecke dich in dieser Haltung, fühle die Feuer–Energie. Laß los. Nachdem du dich viermal auf diese Weise gestreckt hast, wiederhole den Vorgang viermal mit dem linken Knie. Umfasse schließlich beide Knie und wippe auf deinem Rücken vor und zurück.*
3) *Liege flach auf dem Rücken und strecke dein rechtes Bein gerade nach oben, ohne das Knie zu beugen. Unterstütze das Knie, indem du es mit beiden Händen umfaßt. Viermal mit dem rechten und viermal mit dem linken Bein. Spüre, wie sich die Innenseite deiner Oberschenkel, die Basis deiner Hüfte und deines Unterleibs mit Kraft füllen. Laß los.*
4) *Liege mit angewinkelten Knien auf dem Rücken. Bewege deine Füße in Richtung Gesäß, während du deinen unteren Rücken und deine Füße am Boden hälst. Wenn du nahe deinem Gesäß angelangt bist, werden sich deine Füße von selbst vom Boden abheben. Spüre diese sanfte Kraft. Wiederhole die Übung insgesamt viermal.*

Ich führe diese Körper–Meditationen täglich aus. Meine Rükkenschmerzen sind behoben und ich bin meinen geistigen Lehrern näher als zuvor. Ein Trostpflaster für Gestreßte: alle Übungen zusammen „kosten" Sie nicht mehr als 30 Minuten.

Ein wichtiger Schritt zur Stärkung unseres Körpers sind Massagen. Massieren Sie sich selbst und lassen Sie sich massieren, so oft Sie Zeit dazu finden.

Von der indianischen Tradition der Schwitzhütten können wir die Empfehlung ableiten, einmal pro Woche eine Sauna aufsuchen, um unseren Körper von Giftstoffen zu entschlacken.

Den gleichen Effekt, jedoch tiefgehender und gründlicher, hat eine Fastenkur, der Sie sich mindestens einmal pro Jahr unterziehen sollten.

3. Wohnort–Wahl

Selbst wenn Sie sich gesund ernähren und Ihren Körper mit den oben gezeigten Übungen trainieren, kann es sein, daß Sie sich ungesund fühlen und Ihr Körper nicht in Harmonie ist. Sollte dies der Fall sein, empfehle ich Ihnen, Ihren äußeren Körper, Ihre Umwelt, einmal unter die Lupe zu nehmen. Weist Ihre Umgebung die gleiche Schwingungsfrequenz auf wie Ihr Körper?

Die folgenden beiden Fragen werden Sie der Beantwortung dieses Problems näher bringen:

- Welche geographische Region mögen Sie am liebsten?
- Ziehen Sie das Leben in der Stadt oder auf dem Land vor?

Wenn Ihnen bei der Beantwortung dieser Fragen aufgefallen ist, daß Sie derzeit nicht in Ihrer bevorzugten Umgebung wohnen, dann können Sie ziemlich sicher sein, daß Sie in der falschen Schwingungsfrequenz leben. Die einzige Kur für diese Krankheit ist ein Umzug.

Bevor Sie einem neuen Wohnort zustimmen – oder wenn Sie in Ihrer alten Umgebung wohnen bleiben wollen – achten Sie darauf, daß die Vier Elemente nicht gestört sind. Gehen Sie einmal die folgende Checkliste durch:

1) Erde: Liegt mein Haus in einer Zone gefährlicher Erdstrahlen?
Ist es in der Nähe einer petrochemischen Fabrik, eines Kraftwerkes, einer Mülldeponie oder einer stark befahrenen Straße?

2) Wasser: Läuft eine unterirdische Strömung unter meinem Haus hindurch?
Woher kommt mein Trinkwasser? Ist es trinkbar?

3) Feuer: Ist mein Haus weit genug von Starkstromleitungen entfernt?
Liegt es nahe bei einem Atomkraftwerk, einer Radaranlage oder einem Rundfunk- oder Fernsehsender?

4) Luft: Lebe ich an einer häufig befahrenen Straße oder in der Nachbarschaft eines Flughafens, so daß die Abgase in mein Haus eindringen? Ziehen Emissionen naheliegender Industrieanlagen über mein Haus?

Wenn Sie eine oder mehrere dieser Fragen mit Ja beantwortet haben, empfehle ich Ihnen Ihrer Gesundheit zuliebe, diesen Standort nicht als Wohnort in Betracht zu ziehen. Sollten Sie bereits an einem solchen Wohnort leben, rate ich Ihnen zum Umzug.

Um Ihre Schwingungsfrequenz mit der Ihrer Umwelt in Harmonie zu bringen, bedarf es noch einer weiteren Bestandsaufnahme. Prüfen Sie, ob Ihr Haus selbst mit den Vier Elementen in Einklang steht.

1) Erde: Ist mein Haus mit natürlichem Baumaterial gebaut?
Ist es innen und außen mit chemiefreien Farben gestrichen?
Sind Teppiche, Möbel, Einrichtungsgegenstände aus natürlichem Material gefertigt?

2) Wasser: Sind die Wasserleitungen blei–, asbest- und plastikfrei?
Tritt im Haus Feuchtigkeit auf?

3) Feuer: Verursacht die Heizanlage giftige Abgase?
Stehen Wohn- und Schlafraum unter zu hoher Elektrizität (zu viele Steckdosen, zu viele Elektrogeräte)?
Habe ich genügend natürliches Licht?

4) Luft: Hat mein Haus eine gute, natürliche Durchlüftung?
Sind meine Heizeinrichtungen gut ventiliert?
Erfüllen die Küchen- und Badezimmerventilatoren ihre Aufgabe?

Ein gesundes Haus sollte folgende Merkmale aufweisen:

- Natürliche Materialien wie Stein, Ziegel, Holz, Naturfarben und unbehandelte Stoffe in Bau und Einrichtung;
- gut isolierte Wasserleitungen (vorzugsweise aus Kupfer);
- eine funktionierende und umweltfreundliche Heizanlage;
- gute Durchlüftung und viele Pflanzen (Luftbereinigung);
- frei von Chemikalien (Einrichtung, Farbe, Putzmittel).

Die Entwicklung der Baubiologie weist bereits in dieser der Natur gemäßen Richtung. Auch die moderne Architektur hat die natürlichen runden Formen wiederentdeckt.
Um unsere weitere Umgebung mit den Vier Elementen zu harmonisieren, müssen wir jedoch aus unseren eigenen vier Wänden heraustreten und uns für den Schutz der Umwelt einsetzen.

4. Umwelt-Schutz

Die alte lateinische Weisheit „Mens sana in corpore sano", muß am Ende des 20. Jahrhunderts neu übersetzt werden: Der Mensch kann nur gesund sein, wenn seine Umwelt gesund ist. Daß die Umwelt heute alles andere als gesund ist, habe ich bereits im Abschnitt „Die Vier Elemente" ausführlich veranschaulicht.
In diesem Teil des *Indianischen Wegs*, in dem es um die Erde, um unsere physische Existenz geht, müssen wir fragen: Was können wir – jeder Einzelne von uns – Sie, der Sie gerade diese Zeilen lesen, tun, um eine weitere Belastung des gestörten Gleichgewichts der Erde zu vermeiden.
Erlauben Sie mir an dieser Stelle eine Kritik an vielen Autoren der amerikanischen Umweltschutzbewegung. Sie wollen uns glauben machen, wir könnten die Erde retten. Offenbar hängen diese Umwelt-Prediger, die mit ihren Veröffentlichungen gute Profite machen, immer noch dem Irrglauben an, der Mensch sei der Erde überlegen und kontrolliere sie. Gerade diese Ideologie, die aus dem menschlichen Ego (dominierendes Luft-Element) entsprang, ist nach der Meinung der Indianer verantwortlich für die achtlose Zerstörung der Erde durch den Menschen. Für die

Indianer sind wir eins mit der Erde – ein paar Atome und Moleküle, die in und mit einem Universum aus Trillionen anderer Atome schwingen und vibrieren. Das Ganze = die Erde kann sich nur selbst retten, wir Menschen als ein Teil dieses Ganzen haben jedoch kein Recht, das Ganze zu beschädigen oder gar zu zerstören.
Was können Sie tun, um in der Harmonie des Ganzen zu schwingen? Sie wissen, daß Sie nur glücklich und gesund sein werden, wenn Sie in der gleichen Schwingungsfrequenz wie Ihre Umgebung vibrieren. Wie kamen Sie aus der Schwingung? Und wie kommen Sie wieder herein?
Die Indianer geben klare Antworten: 25 einfache Dinge, die Sie leicht und ohne Anstrengung tun können. Teilen wir sie wiederum in die Vier Elemente auf.

a) Was du für das Erd–Element tun kannst

Schütze die Wälder und Felder, indem du:

- deinen Papierverbrauch einschränkst und jedes Stück Papier recyclest;
- deinen Holzverbrauch einstellst. Wiederverwende vorhandenes Holz und benütze Altholz und gesammeltes Holz zum Verbrennen;
- alle Materialien recyclest und auf Naturprodukte (anstelle von Plastik und Styropor) zurückgreifst;
- neue Bäume pflanzt;
- Pflanzenreste und Küchenabfälle in einem Komposthaufen sammelst und als Dünger verwendest;
- keinerlei Chemikalien auf Pflanzen sprühst (es gibt immer natürliche Alternativen);
- chemiefreie Produkte und Lebensmittel kaufst;
- auf Verpackungsmaterial beim Einkauf verzichtest;
- dich in deiner regionalen Wald- und Landschaftsschutz–Organisation aktiv einsetzt.

b) Was du für das Luft–Element tun kannst

Schütze Luft und Erdatmosphäre, indem du:

- Autofahren vermeidest und auf öffentliche Transportmittel, Fahrrad und Gehen umsteigst;
- deine Heizanlage im Haus und dein Auto stets auf Abgase hin untersuchst;
- keine Sprühdosen mehr benutzt;
- dich in deiner Gemeinde für Emissionskontrolle aller Häuser und Betriebe stark machst.

c) Was du für das Wasser–Element tun kannst

Schütze Flüsse, Seen und Meere, indem du:

- niemals Abfälle in Gewässer wirfst;
- nur noch biologisch abbaubare Wasch- und Reinigungsmittel benutzt, die unsere Gewässer schonen;
- alte Arzneien, Reinigungsmittel, Farben und Öle zur nächsten Sondermüllverwertungsstelle bringst; schütte sie niemals in den Ausguß!
- die Kanalisation in deinem Haus und deiner Gemeinde in Ordnung hälst;
- deinen Wasserverbrauch einschränkst;
- dich an örtlichen Reinigungsaktionen an deinem Fluß, an deinem See, an deiner Küste beteiligst.

d) Was du für das Feuer–Element tun kannst

Bewahre unsere Energiequellen, indem du:

- so wenig wie möglich mit dem Auto fährst und auf öffentliche Transportmittel, Fahrrad und Gehen umsteigst;
- Heizenergie sparsam verwendest;
- dein Haus gut abdichtest;
- den Gebrauch von Elektrogeräten einschränkst;
- sparsamer mit elektrischem Licht umgehst;
- dich für den Ausbau natürlicher Energiegewinnung in deiner Nachbarschaft (Solar–, Wind–, Erdenergie) engagierst.

Die Umweltschutzbewegung in Europa und in den USA hat diese Richtlinien übernommen und seit Jahren propagiert. Wichtig ist nun, daß diese Maßnahmen von jedem einzelnen ergriffen werden. Ich bitte Sie persönlich, sich mit diesen 25 einfachen Schritten für den Schutz unserer Umwelt einzusetzen.

Orte der Kraft

Schwingungen und ihre Häufigkeit oder Frequenz sind der Schlüssel zum Verständnis von physischer Gesundheit. Wir fühlen uns gesund, wenn unsere Schwingung mit unserer Umwelt harmonisiert. Aber schwingt diese Umwelt? Ist diese Erde nicht Materie, Masse? Sie ist beides. Die Erdmasse schwingt in Hertz und Gauß.

Der Wissenschaftler James A. Swan faßt die gegenwärtige Anschauung der Physik, was unsere Erde eigentlich ist, in seinem Buch „Sacred Places“ (Heilige Plätze) zusammen: „Die Erde hat ein bipolares elektromagnetisches Feld, das eine positive Spannung von 120 bis 150 Volt pro Meter Intensität aufweist. ... Die Stärke dieses elektromagnetischen Feldes beträgt zwischen 0,2 und 0,7 Gauß. Die Wellen, die durch dieses Feld pulsieren, schwingen langsam oder schnell.“ So vibrieren die Wellen vor einem Gewitter oder während eines Erdbebens mit 100 Umdrehungen (Hertz) pro Sekunde, während sie sich auf stiller See bis auf 1 Hertz verlangsamen. Später fährt Swan fort: „Die durchschnittliche Frequenz liegt zwischen 3 und 14 Hertz, die sogenannte Schumann–Resonanz... Studien haben gezeigt, daß Orte, die innerhalb dieses Resonanz–Bereichs liegen, Entspannung und das Entstehen kreativer Visionen fördern.“

Wie können diese langsam schwingenden Felder Heilung und Kreativität im Menschen beeinflussen? Starke elektromagnetische Felder – die Feuer–Energie – laden die Luft–Moleküle elektrisch auf, so daß sie entweder positive oder negative Ionen bilden. „Negative Luft–Ionen treten in Tannenwäldern, an Wasserfällen, an Felsen, die einen hohen Uraniumgehalt aufweisen, auf Berggipfeln und am Meeresstrand auf. Sie beeinflussen die chemische Zusammensetzung unseres Blutes und erzeugen somit ein Gefühl von Entspanntheit, Energie und Wohlbefinden. Alle indianischen Orte der Kraft weisen ein Übergewicht an negativen Luft–Ionen auf.

Positive Ionen entstehen durch Plastik, synthetisches Bau- und Einrichtungsmaterial, in schlecht belüfteten Räumen und in den berühmten Südwinden: dem Föhn in Bayern, dem Mistral in Südfrankreich, dem Schirokko in Italien, dem Sharav in Israel und dem Santa Ana in Südkalifornien. Die Auswirkungen dieses positiven Ionen–Beschusses – Gereiztheit, Nervosität, Niedergeschlagenheit, Aggression – werden Ihnen klar, wenn Sie einmal bei Föhn mit Ihrem Auto durch München oder bei Santa Ana durch LA fahren.

Da die Erdmasse an jedem Ort unterschiedlich schwingt, ergibt sich das Problem, wie der Mensch von Ort zu Ort harmonisch mitschwingen kann.

Seit alters haben die Indianer Nordamerikas wie auch die eingeborenen Kulturen anderer Erdteile – wie die Kelten in Europa – nach dieser Harmonie gesucht. Da die Erde als lebendes Wesen verstanden wurde, mußte der Mensch darauf achten, ihre Seele und ihren Geist (= ihre Schwingung) zu bewahren. Und da der Mensch als Teil der Erde gesehen wurde, mußte er seine Taten den Erd–Schwingungen anpassen. Der Bau von Siedlungen und das Anlegen von Feldern und Weideplätzen erfolgte nach dem Vorschlag der Erdkundigen, und das waren die Druiden und Schamanen.

Sie wußten, wo die Energien besonders stark waren und ließen dort Kultstätten errichten. Viele unserer alten Dome sind auf solchen Orten der Kraft gebaut (Die Baumeister des Mittelalters –Frei–Maurer – wußten darüber). Sie bestimmten Orte und Quellen als heil–ig, zur Heilung fähig). Die meisten Kurorte Nordamerikas und Europas sind bereits seit Jahrtausenden von den „Eingeborenen“ benutzt worden, und wir wissen heute, daß es die Minerale in der Luft oder im Wasser sind, die uns heilen. Die indianische Tradition weiß von geographischen Orten, an denen die Erd–Schwingungen so stark sind, daß sie die Menschen nicht nur physisch, sondern auch intellektuell, emotional und vor allem spirituell heilen.

Die Navajos und Hopis glauben, daß diese speziellen Orte normalerweise von vier heiligen Bergen (vier Pforten) umgeben sind und einen Berg mit männlicher und einen mit weiblicher Energie in ihrem Zentrum haben. Diese Ansicht wird auch von verschiedenen Stämmen Afrikas und von den spirituellen Traditionen Tibets eingenommen.
Daß diese Anschauung nicht Aberglaube ist, zeigen Untersuchungen solcher Kraftorte. Vor allem auf dem Colorado Plateau in der Four Corners Area, wo die vier US–Bundesstaaten Utah, Colorado, Arizona und New Mexico aneinandergrenzen, sind höhere elektromagnetische Schwingungen und starke Ionisation gemessen sowie häufige Luftdruck– Wechsel und turbulente Wetter–Veränderungen beobachtet worden. Navajos und Hopis betrachten diese Gegend als das Herz der Erde.
Eine interessante Studie von Joan Price (1977) zeigt, daß diese Region intensive Sonneneinstrahlung, hohe Uranvorkommen und die höchste Blitz–Aktivität auf der Erde aufweist. Die Energie–Konzentration erreicht dort im Juli und August ihren Höhepunkt – danach wandert dieses „Lichtfeld“ entlang der Rocky Mountains–Wirbelsäule zu den Gebirgen Mittel- und Südamerikas und erreicht das Gebiet westlich des Amazonas–Beckens im Februar. Nach den Monsun–Regen dort bewegt sich dieses Energiefeld wieder auf den Bergrücken zurück zum Colorado Plateau. Die Indianer sagen, daß dieses Energiefeld die gesamte Erde in elektrischem Gleichgewicht hält, vergleichbar mit der Kundalini- oder Chi–Energie im menschlichen Körper. Die hohe Konzentration an elektrischer (Sonne, Blitze) und magnetischer Energie (Uran) erzeugt eine starke Ionisation der Luft.
Die Auswirkungen eines solchen Kraftortes auf den Menschen sind vielfältig. Besucher berichten über ein Kribbeln auf der Haut, Veränderungen in der Körpertemperatur, ein Gefühl des Wohlbefindens, manche sahen Licht oder ungewöhnliches Leuchten, andere hörten ungewohnte Laute. In meinen Seminaren an diesen Orten konnte ich an mir selbst und an den Kursteilnehmern die unterschiedlichsten Reaktionen beobachten. Als Grundregel stellte sich heraus: Kraftorte intensivieren und

verstärken, was man in sich fühlt. Wenn man deprimiert ist, wird man an einem Kraftort aller Wahrscheinlichkeit nach tiefer fallen, freilich mit der Möglichkeit, die Energien des Ortes für die Heilung einzusetzen. Wenn man sich vor seiner Ankunft wohlfühlt, dann wird man wahrscheinlich am Kraftort vor Energie und Freude sprühen.

Sedona ist der zweite der Kraftorte, den ich hier aus den zahlreichen anderen herausgreifen möchte. Die Künstlerkolonie Sedona im westlichen US–Bundesstaat Arizona vereinigt vier Energie–Vortices. Der Begriff vortex kommt vom Lateinischen „vertere" = drehen, wirbeln. Vortex beschreibt stets eine Bewegung, in der Teile kreisförmig um eine Achse rotieren. Die Wasser–Vortices, die entstehen, wenn Wasser einen Abfluß hinunterläuft, werden durch den Erdmagnetismus verursacht. Wirbelstürme sind ein anderes Beispiel für Vortices. Die Vortices an Kraftorten wie Sedona sind Energie–Vortices: die Nervenenden der elektromagnetischen Energielinien.

Alle Vortices in Sedona enden in Erderhebungen: den berühmten roten Felsen, die unvermittelt aus der Ebene hervorragen. Die vier Haupt–Vortices in Sedona weisen beide Energieformen auf: Bell Rock und Airport Mesa die elektrische (männliche) Energie, Cathedral Rock die magnetische (weibliche) Energie und Boynton Canyon die elektromagnetische (männlich/weiblich) Energie.

Die unterschiedliche Energie dieser Plätze wurde von den Indianern für unterschiedliche Riten und Weihehandlungen benutzt. So gab und gibt es Orte für eine Vision Quest (siehe Teil IV), Orte der Reinigung, Orte der Energieaufladung und Orte der Anbetung. In meinen Seminaren bin ich stets dieser indianischen Tradition gefolgt.

Gibt es Beweise dafür, daß die Energien dieser Plätze nicht nur außergewöhnliche Naturereignisse und körperliche Reaktionen auslösen?

Die Antwort ist eindeutig „Ja". Seminare, durchgeführt in Sedona von Heilern, Medien und Schamanen, von Lehrern wie Chris Griscom, Dick Sutphen und mir selbst, zeigen die Wirksamkeit der Energiefelder für physische, intellektuelle, emotionale und

spirituelle Heilung. Studien in den USA (Roger Ulrich, A & M University, Texas, Jonathan Howland, Boston University School of Public Health und Bill Selby, Santa Monica College) belegen den Affekt der Natur auf den Menschen.
Aber es muß nicht das Colorado Plateau oder Sedona sein. Orte der Kraft gibt es überall. Suchen Sie sich Ihren Kraftort selbst: ein Ort, an dem Sie sich wohl und entspannt fühlen, ein Ort, zu dem Sie immer wieder gern zurückkehren. das kann der Baum in Ihrer Nachbarschaft sein, oder der Wald, der See, der Fluß – oder wenn Sie es zu weit haben in die Natur, ein bestimmter Raum in Ihrem Haus, Ihre Kirche oder wo auch immer Sie sich vom Alltag entrückt fühlen. Suchen Sie diesen Platz für sich, erspüren Sie ihn mit Ihrer Energie.
Die folgenden Meditationen sollten Sie an diesem speziellen Kraftort durchführen. Die Meditationen sind nach meiner Erfahrung in der freien Natur wirkungsvoller als im Haus.

Vorbereitung

Nachdem Sie an Ihrem Kraftort angelangt sind, beginnen Sie mit einigen der oben beschriebenen Körper–Meditationen, um Streß und Verspannungen in Ihrem Körper abzubauen. Atmen Sie dann im Rhythmus der vier mal vier Atemzüge, die Sie in Meditation 1 (Seite 15) nachlesen können.
Fragen Sie dann die Energien des Ortes um Erlaubnis, hier meditieren zu dürfen. Wenn Sie ein klares Zeichen erhalten, nicht erwünscht zu sein (plötzliche Regenschauer oder Windböen, Auftauchen von störenden Leuten etc.), dann danken Sie dem Ort und verlassen Sie ihn. Probieren Sie es an einer anderen, entfernteren Stelle noch einmal. Wenn Sie wiederum negative Antworten erhalten, dann brechen Sie Ihr Vorhaben ab und meditieren Sie ein andermal oder suchen Sie sich einen neuen Kraftort.
Wenn Sie keine „Absage“ erhalten, dann danken Sie den Energien des Ortes, indem Sie etwas Mehl, Tabak und Wasser auf den Boden streuen. Sie zeigen damit der Erde Ihre Dankbarkeit für die Nahrung, die sie uns gibt. Der nächste Schritt, den Sie vor

der Meditation tun sollten, ist, sich zu „erden“, Verbindung mit der Erde aufzunehmen.

Erden

Stehe mit gespreizten Beinen da, schließe die Augen und fühle einen Strahl gleißenden, weißen Lichts von oben auf dich herabzielen. Der Strahl tritt an deinem Scheitelpunkt in deinen Kopf ein und verbreitet diese Lichtenergie über deinen gesamten Körper.
Stell dir jetzt vor, deine Wirbelsäule verlängert sich in einer Silberschnur, die bis in den Erdboden hinabreicht. Spüre jetzt die weiße Energie von deinem Körper in die Erde hinab und spüre braune Energie von der Erde in deinen Körper hinauffließen. Ein Energiekreislauf entsteht. Mutter Erde und Vater Himmel vereinigen ihre Kraft in deinem Herzen.
Fühle jetzt, wie deine Füße in der Erde Wurzeln schlagen. Du bist mit der Erde verbunden, „geerdet“.

Verbindung mit den Vier Elementen

Öffne nun deine Augen und nimm deine Umgebung wahr. Setz' oder leg' dich nun auf den Boden.
Betrachte die Farben, die Konturen, rieche und höre. Werde dir dann deines Körpers bewußt: seiner Konturen, seiner Farbe, seines Geruchs. Erlebe, daß du Teil der Landschaft und seiner Konturen, Farben und Gerüche wirst, daß du aus demselben Material gemacht bist, aus dem die Erde besteht. Spüre, wie die Vibration der Landschaft deine Eigenvibration anregt.
Wenn du dich eingebettet fühlst in die Landschaft, richte deine Aufmerksamkeit auf das Wasser, das dich umgibt: den Bach, Fluß, See oder das Meer, die Wolken über dir, die Pflanzen und die Feuchtigkeit in der Luft. Stell dir vor, du schmeckst diese Feuchtigkeit auf deiner Zunge. Wenn du dir des Wassers um dich herum voll gewahr bist, dann spüre das Wasser in dir: die Feuchtigkeit in deinem Mund und deinen Augen, das Blut, das durch deine Andern fließt. Fühle wiederum die Erde und deinen Kör-

per eins werden, die Wasser–Schwingung des Ortes mit der Wasser–Schwingung in dir in Harmonie vibrieren.
Bringe nun deine Aufmerksamkeit vom Fließen mit der Landschaft auf die Wahrnehmung der Luft. Höre den Wind, wie er durch die Blätter der Räume rauscht und über die Landschaft pfeift. Vergleiche die Bewegung der Luft mit deinem Atem, wie er ein und ausströmt. Fühle, wie dein Atem und die Luft um dich herum eins werden.
Laß dann langsam die Feuer–Energie in deine Wahrnehmung kommen. Spüre Licht und Wärme um dich herum: die Sonnenstrahlen oder den Mondschein, das Lagerfeuer oder die Wärme, die aus dem Boden emporsteigt. Fühle dann deine eigene Körperwärme, deine Energie, das Licht deines Geistes. Verbinde die Wärme deines Körpers mit der Wärme des Bodens, die Sonnenernergie mit der Energie in dir und das Licht deines Geistes mit den Lichtenergien des Kraftortes.

Eine Alternative zur Verbindung mit den Vier Elementen ist eine Übung, die ich Herz–Kontakt genannt habe.

Herz–Kontakt

Nachdem du dich entspannt und geerdet hast, lausche nach dem leisesten Ton, den du hören kannst, und stell dir vor, dein Herz ist dein Ohr. Nimm dir Zeit und höre all die anderen leisen Töne in deiner Umgebung. Da dein Herz das Hörorgan ist, spürst du jetzt auch die Vibrationen der verschiedenen Töne in deinem Herzen.
Stell dir dann vor, daß jede Pflanze und jeder Stein eine bestimmte Schwingung aussendet und du sie alle – langsam eine nach der anderen – mit deinem Herz empfangen kannst. Nach einer Weile wird die Schwingung des Ortes in dir vibrieren. Dann ist es Zeit, deine eigene Körperschwingung zu fühlen und mit der äußeren Schwingung zu harmonisieren, indem du dich auf deinen Herzschlag konzentrierst. Wenn du ihn voll wahrnimmst, beginne ihn der Vibration des Ortes anzupassen, bis du nur noch ein Schwingen fühlst.

Finden der Energie

Du bist jetzt mit deiner Umgebung eins. Bitte nun die Energien des Ortes, dir spezielle Stellen der Kraft zu zeigen. Folge deiner Intuition und gehe dorthin. Fühle die Energie mit deinen Handflächen. Erspüre, ob sich diese Energie gut für dich anfühlt. Wenn nicht, dann suche eine andere Stelle. Wenn ja, dann laß dich dort nieder und danke den Energien.

Nach Luther Standing Bear, dem Häuptling der Lakota-Sioux, brauchst du jetzt nichts mehr zu tun, als nur die Verbindung mit der Erde zu spüren und ihre Botschaften zu hören. Nach meiner Erfahrung bereitet uns gerade dieses Hören Schwierigkeiten, da unser Verstand zu dominierend ist. In meinen Seminaren ziehe ich daher geleitete Meditationen vor.

Meditation: Deine irdischen Helfer

Nachdem du dich geerdet und die Verbindung mit den Vier Elementen aufgenommen hast, spüre den Rhythmus des Ortes und beginne, in seinem Takt zu summen. Folge einfach deiner Intuition und summe. Während du summst, siehst du plötzlich vor deinem geistigen Auge einen Zauberstab. Betrachte ihn genau und halte ihn in deiner Hand.
Nachdem du ihn genau untersucht hast, hebe den Stab in die Höhe und schlage ihn dann auf den Boden. Wenn dein Stab die Erde berührt, bitte die Energien des Ortes hervorzukommen. Beobachte die Landschaft. Was verändert sich? Taucht plötzlich ein Tier auf oder eine Wolke? Bewegt sich eine Pflanze? Warte, bis sich die Energien des Ortes offenbaren.
Wenn du Antworten erhälst, zum Beispiel, wenn ein Vogel sich unweit von dir niederläßt, eine Wolke über dir zu stehen scheint, dein Augenmerk auf eine Pflanze, einen Baum oder einen Stein fällt, dann nimm Kontakt mit diesem Wesen auf, indem du seine Schwingungen erfühlst. Sprich mit dem Wesen – aber nicht mit Worten, sondern mit deinen Gefühlen: deiner Zuneigung und deiner Dankbarkeit.

Wichtig ist, daß du ganz in diesem Wesen aufgehst. Nichts anderes hat für dich in diesem Moment Bedeutung. Du wirst selbst zum Vogel, zur Wolke, zur Pflanze, zum Stein. Frage diese Energie: „Was kannst du mich lehren? Wie kann ich deine Energie in meinem Leben anwenden?" Warte, bis du intuitiv Eindrücke empfängst.
Am Ende danke dieser Energie, diesem Wesen. Später, im Alltag, wenn du dich entspannen willst, dann gehe einfach im Geist an diesen Ort zurück, verbinde dich mit den Vier Elementen und nimm wieder Kontakt auf zu diesem Wesen, das dir dort begegnet ist. Du kannst dieses Wesen um Hilfe bitten, wenn du:

- Extra–Energie für ein Produkt, ein Treffen, eine schwierige Aufgabe brauchst;
- eine Person, einen Schlüssel oder verlorenes Geld wiederfinden willst;
- von einer Erkrankung genesen oder dich vor Ansteckung schützen willst;
- Schutz für dich selbst, dein Auto oder dein Haus brauchst, wenn du auf Reisen gehst;
- Unterstützung in einer Prüfung, beim Anbau von Pflanzen oder beim Reparieren deines Autos brauchst;
- mit deinen Verwandten, Mitarbeitern und Vorgesetzten besser auskommen willst.

Was Kraftorte für Sie tun

Wenn Sie sich auf diese Weise einen persönlichen Kraftort geschaffen haben und dort in der oben genannten Art meditieren, sich den Energien des Ortes öffnen, dann können Sie mit einigen Belohnungen rechnen. Hier ist, was einige meiner Seminatteilnehmer erfahren und erlebt haben:
„Das Erleben des Kraftortes hat mich vitaler gemacht. Ich fühle mich nicht mehr so oft müde und abgespannt. Ich kann viel mehr Dinge erledigen als früher, und das Leben macht wieder Spaß." (Candy, 70 Jahre alt)

„Sedona hat meine Gefühle intensiviert. Ich habe mich von meinen alten belastenden Gefühlen gelöst, und kann jetzt meinen Mann frei und vorbehaltlos lieben." (Georgiana, 28 Jahre alt)
„Mein Kraftort hat mich inspiriert und meine Kreativität zu Tage gefördert. Ich bin jetzt fähig, neue Gefühle und Ideen offen auszudrücken." (Greg, 31 Jahre alt)
„Seit der Kraftort–Erfahrung fühle ich mich gesünder und tatenfroher. Schlechte Nachrichten wefen mich nicht mehr aus der Bahn." (Farrell, 62 Jahre alt)
„Die Kraftorte halfen mir, negative Plätze und Personen zu meiden. Ich bin einfach sensibler und damit weiser geworden." (Jacquie, 50 Jahre alt)
„Ich bin jetzt stärker mit der Erde verbunden und weiß genau, wann ich wohin gehen muß. Es ist, als ob die Erde mir sagen würde: 'Geh jetzt nicht dahin oder fahr jetzt nicht auf dieser Autobahn'." (Robert, 48 Jahre alt)
„Meine Erfahrung im Canyon hat meine Religiosität wieder erweckt. Aber nicht im kirchlichen Sinne, sondern tief in mir. Meine Verbindung mit der Natur hat mir neue Ehrfurcht gegeben vor dem, der das alles erschaffen hat. Ich bemühe mich seither, jede Pflanze, jeden Stein, jedes Tier und jeden Menschen zu achten, denn sie alle sind für mich Ausdruck der großen Schöpfung." (Stephanie, 25 Jahre alt)
Kraftorte können uns beleben, unseren Verstand klären, unsere Gefühle intensivieren, unsere Intuition öffnen und uns zur Spiritualität führen. Probieren Sie es aus!

Teil II

LUFT = VERSTAND

Teil II: Luft = Verstand

Ohne Luft kann Leben nicht existieren. Der Mensch mag ohne Wasser ein paar Tage aushalten, ohne Sauerstoff ist er in Minuten tot. Im menschlichen Körper kennen wir den gleichen Prozeß: Hört das Herz auf zu schlagen, dann kann der Mensch noch eine Weile überleben, wiederbelebt werden etc. Kommt jedoch das Gehirn zum Stillstand, dann ist „die Luft aus dem menschlichen Körper“ (Red Feather), der Mensch ist tot oder besser: von dieser Erlebnisebene in eine andere übergewechselt.
Der Begriff Gehirn wird in diesem Zusammenhang auch von der Medizin als mehr verstanden als nur die physische Masse im menschlichen Kopf. Gehirn umfaßt auch das, was wir Bewußtsein nennen. Überleben ist nach dieser Definition nur möglich, wenn unser Bewußtsein am Leben ist. Dieses Bewußtsein besteht aus den drei Teilen: Verstand, Psyche (Unterbewußtsein) und Geist (Überbewußtsein). Wir sind nur gesund, wenn alle drei Bewußtseinsteile in Harmonie mit dem Körper vibrieren.
Nach Meinung der Indianer, die ich voll unterstütze, ist in den westlich–zivilisierten Ländern der Verstand jedoch zur dominierenden Kraft des Kräftequadrats Körper–Verstand–Psyche–Geist geworden – geradeso, als ob wir zuviel Luft bekämen. Ich habe bereits auf die Folgen dieses Ungleichgewichts hingewiesen: Geld- und Machtgier, Konkurrenzdenken, Gleichgültigkeit gegenüber der Natur, resultierend in Angstzuständen und psychosomatischen Symptomen wie Kopf–und Rückenschmerzen u.a.
Ist Ihr Verstand dominierend? Oder sind Gefühl (Unterbewußtsein) und Verstand bei Ihnen in der Balance?
Nehmen Sie sich doch jetzt bitte ein paar Minuten Zeit und finden Sie es heraus. Das folgende „Denker–Fühler–Quiz“ wird Ihnen dabei helfen.

Denker–Fühler–Quiz

Bitte beantworten Sie die folgenden Fragen entweder mit „Ja“ oder mit „Nein“. Achten Sie dabei auf die Schlüsselworte „selten“, „manchmal“, „meistens/oft“. Prozentual ausgedrückt bedeuten diese Begriffe: Selten = in 25% der Fälle, manchmal = in 50% der Fälle und darüber, meistens/oft = in 75% der Fälle und darüber.

JA	NEIN	FRAGE
....	...X...	1. Machen Sie sich oft Sorgen?
....	...X...	2. Achten Sie manchmal auf das Firmenetikett, wenn Sie Kleidung einkaufen?
....	...X...	3. Wollen Sie, daß die meisten Dinge, die Sie kaufen oder besitzen, als Ausdruck Ihrer selbst gesehen werden?
...X...	....	4. Handeln Sie oft praktisch und pragmatisch?
....	...X...	5. Sind Sie manchmal über–kritisch und penibel?
....	...X...	6. Fahren Sie manchmal wegen Kleinigkeiten aus der Haut?
....	...X...	7. Bereiten Ihnen Veränderungen oft Schwierigkeiten?
...X...	....	8. Tun Sie Dinge oft aus einem Zwang heraus?
...X...	......	9. Folgen Sie meistens Ihren Gewohnheiten?
...X...	......	10. Ist Ihr Kleiderschrank meistens ordentlich?
....	..X..	11. Sind Sie oft ein zwanghafter Organisierer?
...X...	......	12. Lassen Sie gelegentlich (selten) Voruteile Ihre Entscheidungen und Handlungen beeinflussen?
...X...	....	13. Kontrolliert manchmal Angst Ihr Leben?
....	...X...	14. Sind Sie gerne in einer Position der Kontrolle und Macht?
...X...	....	15. Sind Sie oft ungeduldig?
...X...	....	16. Beurteilen Sie manchmal Situationen als richtig oder falsch, gut oder schlecht?

...X....	17.	Erfüllen Sie oft Ihre Bedürfnisse vor denen anderer?
....X....	18.	Fürchten sie sich vor dem Sterben?
...X....	19.	Sind Sie manchmal Schuldgefühlen ausgeliefert?
....X....	20.	Sind Sie oft ein Perfektionist?
....X....	21.	Treffen Sie meistens rationale (= nicht–intuitive) Entscheidungen?
....X....	22.	Hängen Sie oft an dem, was Sie besitzen?
...X.... ...X....	23.	Sind Sie meistens zurückhaltend und legen Ihre Gefühle nicht so ohne Weiteres offen?
....X....	24.	Planen Sie oft und denken an Ihre Zukunft?
....X....	25.	Beeinflußt Stolz oftmals Ihre Entscheidungen und Handlungen?
....X...	26.	Neigen Sie zu Arbeitswut?

Zählen Sie jetzt Ihre „Ja"–Antworten und Vergleichen Sie Ihr Ergebnis mit der folgenden Tabelle:

0 – 4 Ja	Sie sind ein ausgesprochener Fühler. Bereichern Sie Ihr Leben mit Verstandesübungen.
5 – 9 Ja	Denken und Fühlen sind ausbalanciert.
10 – 18 Ja	Sie sind ein ausgesprochener Denker. Gleichen Sie Ihr Leben mit etwas mehr Intuition und Gefühl aus.
19 – 26 Ja	Ihr logischer Verstand dominiert Ihr Leben. Auf die Dauer können Sie so weder gesund noch glücklich sein.

Wenn Sie, wie die meisten von uns, sich in den letzten beiden Antwortgruppen wiedergefunden haben, dann lesen Sie jetzt hier weiter und vertiefen Sie den inneren Klärungsprozeß, der Sie wieder zurück in die Harmonie führen wird. Sehen wir uns die Fragen noch einmal aus der Sicht der indianischen Weltanschauung an.

1. Sorgen sind Gedanken über etwas, das es im Hier und Jetzt noch gar nicht gibt. Sorgen sind angstbeladene Zukunftsprojektionen, die deinem überaktiven Verstand entspringen. Laß sie ziehen!
2. Eine Vorliebe für Status–Symbole verrät einen überaktiven Verstand, der ständig abwägt und be–urteilt. Dies ist oft ein Ausdruck eines mangelnden Selbstvertrauens und fehlender Selbstliebe.
3. Auf seine Erscheinung stolz zu sein, ist eine gesunde Einstellung. Wenn du jedoch glaubst, bestimmte Dinge haben zu müssen, um anderen zu zeigen, wer du bist, dann bist du deinem Verstand (= Ego) in die Falle gegangen.
4. Ohne Pragmatismus könnten wir nicht leben. Wenn du jedoch dein Leben nur von rationalen, praktikablen Entscheidungen bestimmen läßt, dann vernachlässigst du einen großen Teil deiner Persönlichkeit: deine Intuition und dein Gefühl (= 90% der Gehirnkapazität).
5. Kritisch und penibel zu sein, verrät dominierenden Verstand. Statt zu verstehen, wird ge- und ver–urteilt. Diese Haltung trägt dem Leben, so wie es wirklich ist, keine Rechnung.
6. Kleinigkeiten sind Tests für unsere Geduld und unser Verständnis, beides Attribute unseres Unterbewußtseins. Wenn der logische Verstand dominiert, dann kommen diese Qualitäten zu kurz.
7. Veränderungen machen nur dem Schwierigkeiten, der sein Leben ausschließlich mit dem logischen Verstand zu bewältigen versucht. Intiutiv wissen wir, daß Leben ohne Veränderungen nicht möglich ist.
8. Dinge zwanghaft zu tun, ist eine Flucht vor Gefühlen. Der Workaholic stürzt sich in eine Aufgabe nach der anderen, weil er Angst vor der inneren Leere hat.
9. Gewohnheiten geben uns Sicherheit. Oft sind sie aus Furcht vor Veränderung und Spontaneität geboren. Das Vertrauen in die Weisheit und Kraft des Unterbewußtseins fehlt.

10. Zeige mir deinen Kleiderschrank, und ich sage dir, wer du bist. Übergroße Ordnung verrät ein Übergewicht des Denkens gegenüber dem Fühlen.
11. Der innere Zwang, alles organisieren zu müssen, entspringt einem Mangel an Vertrauen in die eigene Intuition und Spontaneität – typisches Zeichen eines dominierenden Verstandes.
12. Vor–urteile sind immer negativ. Diese Marotten des Verstandes machen eine offene Auseinandersetzung mit dem Leben unmöglich.
13. Angst ist die stärkste Waffe unseres Verstandes im Kampf um die Vorherrschaft in unserem Bewußtsein. Liefern wir uns ihr aus, dann hemmt sie unser Leben.
14. Kontrolle und Macht sind die Hobbys unseres Verstandes–Egos. Sie entspringen der Furcht, ohne Kontrolle vom Leben übermannt zu werden. Was fehlt, ist das Vertrauen in die Fähigkeit, den Veränderungen gewachsen zu sein.
15. Ungeduld entsteht, wenn es uns an Sympathie und Mitgefühl fehlt – wenn der logische Verstand Emotion und Gefühl nicht zuläßt.
16. Richtig und falsch, gut und böse, sind Be–urteilungen der Logik, die uns davon abhalten, eine Situation ganzheitlich zu erfassen.
17. Welche Bedürfnisse kommen zuerst? Völlige Selbstlosigkeit zeugt von mangelnder Selbstliebe, Egoismus jedoch belegt mangelnde Nächstenliebe. Wichtig ist, die Balance zu halten.
18. Die Angst vor dem Sterben ist eine der Ängste, mit denen unser Verstand unser Leben zu kontrollieren versucht. Ein fühlender Mensch weiß, daß der Tod nicht unser Ende, sondern nur eine Veränderung in eine andere Dimension bedeutet.
19. Schuldgefühl ist eigentlich ein völlig verkehrtes Wort. Denn Schuld erwächst aus dem Denken und ist neben der Angst die wirksamste Manipulation unseres Verstandes. Schuld komm von Ver–urteilung.

20. Das Credo des Perfektionisten: „Es könnte besser sein" ist ein Selbst–urteil, mit dem ihn sein Verstand auf Trab hält, damit er sich nicht mit dem Mitgefühl für sich selbst und andere konfrontieren muß.
21. Rationale Entscheidungen sind wichtig, aber sie bergen eine hohe Fehlerquote in sich, wenn sie nicht von der Intuition ausbalanciert sind.
22. Besitz gibt uns Sicherheit. Wenn wir jedoch an ihm haften, dann verlieren wir die Offenheit fürs Leben. Besitz wird dann zum Ersatz für Gefühl und Erleben.
23. Seine Gefühle einzusperren und zurückzuhalten, ist eine der ungesundesten Verhaltensweisen unserer Zeit. Gesund und glücklich zu sein, ist nur möglich, wenn Emotionen gefühlt, akzeptiert und ausgedrückt werden.
24. Planen und die Zukunft bestimmen zu wollen, zeugt nicht nur von mangelndem Selbst–Vertrauen, sondern auch von Mißtrauen gegenüber der Spontaneität und der Kraft der Intuition.
25. Stolz ist ein Kind des Ego–Verstandes. Wenn er überhandnimmt, werden unsere Handlungen nicht mehr vom Leben und seinen ständig wechselnden Anforderungen bestimmt, sondern zu Erfüllungsgehilfen des Stolzes gemacht.
26. Arbeitswut (siehe 8.) ist Flucht vor und Unterdrückung von eigenen Gefühlen. Bis dann die Emotionen irgendwann gewaltsam ausbrechen.

Verstand, Gefühl und Geist müssen in Balance sein, sagen die Indianer. Die Kahunas, die Priester der hawaiianischen Naturreligion, fordern das Gleiche: Niederes Selbst (= Unterbewußtsein/Psyche), Mittleres Selbst (= Verstand) und Höheres Selbst (= Geist) sollen im Einklang stehen und miteinander fließen wie ein Baum, der die Lebenskraft von unten bezieht und sie über Stamm und Äste bis in die Krone verteilt. Das Denker–Fühler–Quiz zeigt deutlich, daß die Mehrheit der Menschen die Balance zwischen Verstand und Gefühl verloren hat. Gefühl und Geist werden in Teil III und IV dieses Buches näher behandelt. Hier müssen wir jedoch fragen: Welche Auswirkungen hat die Dominanz des Verstandes?

Bewußtsein und Unterbewußtsein

Unser bewußtes Selbst setzt sich aus Wille, Verstand, Logik und den fünf Sinnen zusammen. Es formt unser Ego aus den Anschauungen, Gewohnheiten und Verhaltensmustern.
Das unterbewußte Selbst – ich wähle hier unterbewußt statt unbewußt, da wir uns dieses Teils unseres Selbstes ja durchaus bewußt sind, auch wenn wir dieses Wissen oft verdrängt haben – sind unsere Gefühle, Träume, Intuitionen und die Verbindung zum überbewußten Selbst (auch: Höheres Selbst, Überbewußtsein, Geist). Normalerweise wird es vom bewußten Selbst nicht zur Mitbestimmung unseres Lebens zugelassen.
Die Dominanz des bewußten über das unterbewußte Selbst wird mithilfe von Angst (vor dem Neuen, vor Veränderung etc.), mangelndem Selbstvertrauen, Be- und Ver–Urteilung und Schuld – „Gefühlen“ aufrechterhalten. Dem unterbewußten Selbst wird nicht mehr vertraut. Es wird in Ausnahmedomänen zurückgedrängt (Kindheit, Träume, Kunst).
Wir fühlen uns unglücklich, gehetzt, überfordert und bedroht. Aber wohin wir uns auch wenden, jeder steckt in demselben Dilemma: das Unterbewußte ist da, aber in dieser Welt scheint kein Platz dafür zu sein. Die Gefühle werden mit Logik und Rationalität unterdrückt, von Arbeitswut, Alkohol, Sex und Drogen überdeckt oder in Besitz- und Machtgier pervertiert. Manchmal brechen sich die Gefühle jedoch Bahn ans Tageslicht und verursachen Krisen und Verwirrung.
Was können wir gegen die Dominanz des Verstandes tun? Wie können wir innere Balance finden?

Zerstörung und Neuaufbau

Bevor etwas Neues entsteht, muß das Alte zerstört werden. Wir können diesen Prozeß in der Natur beobachten, wo jedes Jahr im Verlauf der Jahreszeiten Altes stirbt und Neues heranwächst. Wir sehen diesen Vorgang auch in der Geschichte, wo sich neue Herrschaftsformen aus den Ruinen der alten entwicklen. Deutschlands Neuanfänge 1945 und 1990 sind ein Beispiel dafür. Diese Regel trifft auch für den Menschen zu. Wir können uns nur verändern, wenn wir alte Anschauungen, Gewohnheiten und Verhaltensmuster ablegen und so Platz für neue schaffen. Nach Meinung der Indianer ist dieser Hausputz Bedingung für das Erreichen des inneren Gleichgewichts. Nur wenn wir uns von Altem trennen, können wir Denken und Fühlen auf eine neue Stufe stellen und miteinander ausgleichen. Die „Erneuerung“ soll dabei alle vier Ebenen (Körper, Verstand, Psyche, Geist) umfassen.

1. Erde – Körper

- Erneuern Sie Ihren Körper mit Bädern und Schwitzkuren
- Entschlacken Sie Ihren Körper einmal pro Jahr mit einer Fastenkur (siehe auch Teil I).
- Entrümpeln Sie Ihr Haus. Verschenken Sie alles, was Sie nicht wirklich brauchen: Möbel, Kleidung, Bücher etc. Danken Sie den Gegenständen für deren Dienste, bevor Sie sie weggeben.
- Gehen Sie jetzt noch einmal durch Ihr Haus, Ihr Büro, Ihr Auto, Ihre Garage und entrümpeln Sie ein zweites Mal. Fühlen Sie die Erleichterung, sich von all diesem Ballast getrennt zu haben. Ich entrümple mein Haus jedes Jahr mindestens einmal.

2. Luft – Verstand

- Entrümpeln Sie Ihren Verstand von alten Anschauungen. Füllen Sie die folgende Liste aus:

Bereich	**Alte Anschauung**	**Neue Anschauung**
Geld		
Körper		
Arbeit		
Wer bin ich		
Das andere Geschlecht		
Was ist meine Lebensaufgabe		

Um Ihnen ein (mein) Beispiel zu geben:

Bereich	**Alte Anschauung**	**Neue Anschauung**
Geld	Verdirbt den Charakter.	Hilft mir auf meinem Lebensweg.
Körper	Ein Instrument des Verstandes.	Mein Haus für Verstand, Seele und Geist.
Arbeit	Eine strapaziöse Notwendigkeit.	Ausdruck meiner Schaffenskraft.
Wer bin ich	Nicht gut, klug und schön genug.	Ein einzigartiger Teil der Schöpfung.
Das andere Geschlecht.	Behindert die freie Selbstentfaltung.	Fördert und bereichert das Selbst.
Was ist meine Lebensaufgabe	Erfolgreich und anerkannt zu sein.	Zu erkennen und zu verstehen.

Bitte nehmen Sie sich für diese Liste Zeit. Machen Sie eine mentale Bestandsaufnahme Ihrer Lebensanschauungen. Schreiben Sie mit Bleistift, damit Sie die Liste immer wieder von Zeit zu Zeit durchgehen können. Radieren Sie Ihre alten Anschauungen nach jeder Bestandsaufnahme aus. Im täglichen Leben werden Ihnen dann die Situationen auffallen, in denen sich Ihre alten Anschauungen zu Wort melden. Aber da Sie sich jetzt dessen bewußt sind, werden Sie ohne Probleme gemäß Ihrer neuen Anschauung leben können. Sie werden beobachten, wie Ihre alten Vorstellungen immer weniger Ihr Leben beeinflussen.

Überprüfen Sie Ihre Gewohnheiten, ob sie tatsächlich sinnvoll sind. Füllen Sie die folgende Liste aus:

— Wie lange schlafe ich im Durchschnitt?

— Was esse ich und wann?

— Welche Kleidung trage ich?

— Wie teile ich meinen Tag auf?

— Wie verbringe ich meine Freizeit?

— Wie verhalte ich mich gegenüber anderen?

Beobachten Sie sich selbst, nachdem Sie diese Liste ausgefüllt haben. Urteilen Sie nicht, sondern betrachten Sie nur Ihre Gewohnheiten im täglichen Leben. Sind diese Gewohnheiten Ihrem Lebensstil angemessen?
Ich fand bei dieser Übung heraus, daß ich viele meiner Lebensgewohnheiten seit Jahren beibehalten hatte, obwohl sich mein Leben grundlegend verändert hatte. So fand ich durch Beobachtung zum Beispiel heraus, daß ich statt mit acht durchaus mit sieben oder sechs Stunden Schlaf pro Nacht auskommen konnte. Daß meine Ernährung nicht mehr meinem veränderten Bewußtseinsstand (siehe Teil I) entsprach. Daß ich nicht mehr mit

meinem Kleidungsstil zufrieden war. Daß die Zeiteinteilung nicht mit meiner inneren Uhr übereinstimmte: statt am Morgen Höchstleistungen von mir zu erwarten, akzeptiere ich jetzt, daß meine beste Schaffensphase am späten Nachmittag ist. Daß sich meine Hobbys verändert hatten: statt wie früher meine Freizeit eher passiv mit Fernsehen, Theater, Kino und Veranstaltungen zu verbringen, gehe ich jetzt in die Natur oder treibe Sport. Daß ich gegenüber anderen nicht mehr vorsichtig und zurückhaltend zu sein brauche, sondern ihnen offen begegnen kann.
Überlegen Sie sich Alternativen zu Ihren bisherigen Gewohnheiten. Machen Sie sich klar, daß viele dieser Verhaltensweisen durchaus veränderbar sind. Und daß die alten Gewohnheiten oftmals wie eine Zwangsjacke freien Selbstausdruck und neue Erfahrungen verhindern.

3. Wasser – Psyche

- Reinigen Sie Ihre Psyche von negativen Gefühlen. Im folgenden Teil III werde ich Ihnen eine einfache Technik dafür vorstellen.
- Machen Sie eine Bestandsaufnahme Ihrer Beziehungen. Schreiben Sie nacheinander die Namen Ihrer Freunde und Bekannten auf und listen Sie deren positive und negative Einflüsse auf:

Name	Positiv	Negativ
....	....	....
....	....	....
....	....	....
....	....	....
....	....	....
....	....	....

Wichtig ist, daß Sie sich jeweils fragen, ob die betreffende Person einen positiven Einfluß auf Sie hat, Sie fördert, unterstützt etc., oder einen negativen Einfluß ausübt, Sie kritisiert, bekämpft, auslaugt u.a. Nach indianischer Anschauung ist es notwendig, sich von all denen zu trennen, die uns nicht förderlich sind.

4. Feuer – Geist

Entsprechen Ihre religiösen und spirituellen Praktiken Ihrem inneren Glauben? Nehmen Sie sich ein wenig Zeit und denken Sie über Ihr spirituelles Selbst nach. Schenken Sie ihm Beachtung? Lesen Sie in Teil IV nach, wie Sie mit diesem Teil Ihres Bewußtseins in Verbindung treten können.
Um den Prozeß der Bestandsaufnahme für Körper, Verstand, Psyche und Geist zu intensivieren und zu unterstützen, empfehle ich Ihnen die folgende Meditation.

MEDITATION: Ablegen alter Anschauungen

Gehe an deinen Kraftort und entspanne dich. Laß dann alle Gewohnheiten, Anschauungen und Eigenheiten vor deinem geistigen Auge auftreten, die du nicht an dir magst oder die du ablegen willst.
Stell dir vor, daß diese Eigenschaften nun die Form einer Person annehmen, die dir gegenüber sitzt. Sprich zu dieser Person offen und ehrlich. Laß dabei deine Gefühle heraus. Wenn du bei diesem Prozeß starken Gefühlen begegnest, dann konzentriere dich auf diese: Woher kennst du dieses Gefühl? Wo hast du es schon einmal erlebt? Wann in deinem Leben hattest du dieses Gefühl zum ersten Mal?
Nimm dir Zeit für diesen Prozeß. Wenn du mit der jeweiligen „Person" abgeschlossen hast, dann beobachte, wie sich diese Person und mit ihr die damit verbundenen Gefühle, alten Anschauungen, Gewohnheiten und Eigenschaften in Rauch verwandeln, und wie dieser Rauch aus deinem Körper strömt, während du langsam ausatmest. Fühle, wie du mit jedem Ausatmen leichter wirst.

Nachdem du dich auf diese Weise aller nicht mehr gewünschten Anschauungen und Eigenschaften entledigt hast, wirst du fühlen, daß eine Energie über dir schwebt. Sieh diese Energie als weißes, gleißendes Licht. Atme es ein. Fülle deinen Körper und dein gesamtes Wesen damit. Spüre diese neue Energie von Kopf bis Fuß.
Deine alten Eigenheiten sind jetzt beseitigt. Für neue Erfahrungen ist Raum geschaffen. Danke der Licht-Energie und verweile darin, solange du möchtest. Komme dann langsam ins Hier und Jetzt zurück.

Das Ende der Zeit

Wir haben gesehen, daß wir alte Anschauungen ablegen müssen, wenn wir die Dominanz des Verstandes über unser Leben brechen wollen. Eine dieser alten Anschauungen ist unser Konzept der Zeit. Die Indianer Nordamerikas weisen darauf hin, daß unser Verständnis von Zeit unser Leben einschränkt und beengt: Unser Schuldgefühl über Vergangenes und unsere Sorge über Zukünftiges lassen uns kaum Raum für eine erfüllte Gegenwart. Das Heute wird auf diese Weise zu einem gehetzten Augenblick zwischen Gestern und Morgen, Leben selbst wird zum Streß.
Was ist zu tun? Die Indianer raten uns, zuerst zu lernen, in der Gegenwart zu sein. Geben Sie allem, was Sie tun, Ihre ungeteilte Aufmerksamkeit. Wenn Sie sich duschen, dann fühlen Sie das Wasser auf Ihrem Körper. Wenn Sie essen, dann schmecken Sie die verschiedenen Geschmacksrichtungen. Wenn Sie autofahren, dann konzentrieren Sie sich auf den Verkehr und die Landschaft oder Stadt um Sie herum. Wenn Sie arbeiten, dann tun Sie ganz bewußt, was Sie gerade zu tun haben.
Ich empfehle Ihnen, mit dieser 24-Stunden-Meditation sofort zu beginnen. Es spielt keine Rolle, in welcher Situation sich Ihr Leben derzeit befindet. Um wirklich erfüllt und glücklich zu sein, müssen sie ganz im Hier und Jetzt aufgehen. Aus eigener Erfahrung weiß ich, daß dies leichter gesagt als getan ist. Ganz im Hier und Jetzt zu sein, wenn man nicht weiß, wie man die anstehenden Rechnungen begleichen soll oder wenn man gerade

einen lieben Menschen aus seinem Leben verabschieden mußte, ist eine Aufgabe, die Hingabe und Konzentration erfordert. Probieren Sie es dennoch. Jeden Tag. 24 Stunden lang.
Manchmal ist es jedoch notwendig, noch einmal Vergangenes Revue passieren zu lassen oder Zukünftiges im Geist durchzuspielen, um ganz im Hier und Jetzt sein zu können. Die folgenden zwei Meditationen werden Ihnen dabei helfen.

MEDITATION: Reise zu den Problemen und Fähigkeiten der Vergangenheit

Entspanne dich und gehe in deiner Vorstellung an deinen Kraftort. Verbinde dich mit den Vier Elementen.
Konzentriere dich nun auf ein Problem, das dich derzeit belastet. Welche Gefühle löst dieses Problem in dir aus? Wo manifestiert sich dieses Gefühl in deinem Körper? Nimm dir Zeit für diesen Prozeß.
Stell dir dann vor, wie sich an deinem Kraftort die Erde vor dir auftut und einen Weg ins Erdinnere offenlegt. Folge diesem Weg ins Erdinnere, er wird dich zur Ursache deines Problems führen. Während du hinabsteigst, werden Bilder aus deiner Vergangenheit auftrauchen, die mit deinem Problem in Zusammenhang stehen. Betrachte diese Erinnerungen und konzentriere dich auf deine Gefühle. Sollten dir auf deiner Wanderung Wesen begegnen, dann bitte sie um Beistand.
Wenn keine neuen Bilder mehr auftauchen, dann gehe langsam an die Oberfläche zurück, danke der Erde und komme langsam zurück in die Gegenwart. Nimm dein Notiz- oder Tagbuch zur Hand – es sollte immer bereitliegen, wenn du meditierst – und schreibe deine Erlebnisse nieder. Du bist der Ursache deines derzeitigen Problems auf die Spur gekommen.
Du kannst diese Reise in die Vergangenheit in gleicher Weise antreten, wenn du vergessenes Wissen wieder ausgraben willst. Denk an ein Talent, eine Fähigkeit, die du gerne haben würdest. Wie würdest du dich fühlen, wenn du diese Fähigkeit hättest? Konzentriere dich auf dieses Gefühl.

Nachdem du ins Erdinnere hinabgestiegen bist, erlaube deiner Phantasie/Intuition, dich zu Orten, Erinnerungen oder Wesen zu führen, die die gewünschte Fähigkeit in dir zu aktivieren vermögen. Wenn du keine neuen Eindrücke mehr empfängst, dann kehre zur Erdoberfläche zurück und danke der Erde.

MEDITATION: Reise in die Zukunft

Solltest dich die Sorgen um die Zukunft bei bestem Willen nicht alleine lassen, oder solltest du unbedingt wissen wollen, wie ein zukünftiges Ereignis ablaufen wird, dann benutze die Technik der vorangegangenen Meditation, wobei du diesmal dein Gefühl auf das bevorstehende Ereignis konzentrierst.
Wenn dieses Gefühl stark genug in dir ist, dann gehe wieder ins Erdinnere hinab und bitte um Impressionen. Bilder oder Gedanken werden auftauchen, die dir einen Hinweis darauf geben, wie sich das Ereignis in der Zukunft entfalten könnte. Beachte dabei, daß du nur Eindrücke der möglichen, nicht der tatsächlichen Zukunft erhälst. Wenn du mit dem Ausgang deiner psychischen Zukunftsrecherche nicht einverstanden bist, dann überlege dir Alternativen, mit denen du den tatsächlichen Ausgang verändern kannst.

Neben dieser „Reise in die Zukunft“ benutzen Schamanen häufig Visionstechniken, um eine gewünschte Zukunft mittels mentaler Bilder (Imagination) zu erschaffen. Die Schamanen, denen ich meine Ausbildung verdanke, lehnen jedoch eine solche Realitätsmanipulation ab. Betrachten wir einmal genauer, warum sie es ablehnen.
Wenn Sie sich mithilfe von vorgestellten Bildern eine Situation oder ein Ereignis herbeiträumen, dann erschaffen Sie mit Ihren Phantasien und Gedanken eine (wenn auch nicht–stoffliche) Realität, die über kurz oder lang stoffliche Form annehmen wird. Woher wissen Sie jedoch, daß zu dem Zeitpunkt, an dem sich Ihre Vorstellungen materialisieren, diese auch tatsächlich für Sie förderlich sind? Was wäre, wenn Sie sich inzwischen in eine andere Richtung weiterentwickelt hätten? Möglicherweise

wären Ihre früheren Imaginationen dann eher ein Fluch als ein Segen. Hinzu kommt, daß wir nicht so in Harmonie mit unserem Unter- und unserem Über–Bewußtsein leben, daß wir genau das herbeiwünschen, was unserem Lebensplan entspricht. Wir könnten also bei unserer Imagination fehlgeleitet gewesen sein und hätten dann die Früchte dieses Irrweges zu ernten.
Ich empfehle Ihnen daher, von solchen Visualisierungen Abstand zu nehmen und statt dessen Ihre Psyche und Ihren Geist zur freien Entfaltung zu bringen. Lassen Sie Ihrer Seele Flügel wachsen, statt Ihrem Verstand das Zepter des „ich will“ zu überlassen.
Eine Meditation, die Ihnen helfen kann, Seele und Geist zur Entfaltung kommen zu lassen, ist:

MEDITATION: Der Flug des Adlers

Entspanne dich und gehe in deiner Vorstellung an deinen Kraftort. Verbinde dich mit den Vier Elementen. Nimm dir Zeit dazu. Vor deinem geistigen Auge siehst du dich jetzt langsam aufstehen. Fühle, wie die Kraft der Erde und die Energie der Luft in dir aufsteigen und dich zum Vibrieren bringen. Immer stärker wird diese Kraft in dir.
Beobachte, wie dein Körper jetzt langsam die Form eines Adlers annimmt. Strecke deine Arme aus und spüre, es sind weite, kraftvolle Flügel. Blicke um dich herum und sei dir bewußt, wie scharf und klar dein Blick geworden ist. Und du spürst, wie die Energie der Erde und des Himmels in dir immer stärker werden. Du bist reine Kraft.
Drücke diese Kraft aus. Bewege deine Schwingen. Fühle, wie du langsam und majestätisch vom Boden abhebst. Spüre den Rausch der Energie in dir, während du immer weiter nach oben gleitest. Spüre den sanften Hauch des Windes, der dich trägt. Und dann gleite. Laß los. Laß alles Beengende, Beschränkende einfach hinter dir zurück. Gleite.
Du hast aufgehört zu wollen. Du hast aufgehört zu fürchten. Du hast aufgehört zu planen. Du gleitest, getragen vom Wind, voll bewußt deiner kraftvollen Energie. Du siehst Landschaften un-

ter dir. Genieße ihre Schönheit. Du siehst Menschen unter dir: wie weit entrückt von ihren Problemen du jetzt bist!
Laß los. Gleite. Fühle deine unermeßliche Kraft. Das bist du. Das ist dein wahres Selbst.
Und später, wenn du wieder auf deinen Platz zurückkehrst, wirst du diese Kraft in dir haben: die Kraft des Adlers. Und wenn du dich irgendwann einmal klein und schwach fühlst, dann erschaffe dir vor deinem geistigen Auge das Bild dieses Adlers und spüre, wie seine Kraft in dich strömt. Du bist der Adler.

Teil III

WASSER = PSYCHE

Teil III: WASSER = PSYCHE

Dem Verstand als der erschaffenden, männlichen Energie steht die Psyche (Seele) als empfangende, weibliche Energie gegenüber. Beide Energien sind wie der Plus- und Minus–Pol in der Elektrizität: beide sind notwendig, um Spannung=Leben zu erzeugen. Aber handeln wir danach? Lassen wir wirklich den Minus–Pol, das Empfangende, zu Wort kommen? Ich habe in der Einleitung des Buches gezeigt, daß wir im Lauf der Geschichte das Gegenteil getan haben. Wir haben dem Verstand das Zepter über unser Leben übertragen. Die Folgen: Zerstörung der Umwelt, Krieg, physische und psychische Krankheit und spirituelle Orientierungslosigkeit.

Ich habe in Teil II erläutert, daß eine Heilung der Welt und des Menschen nur möglich ist, wenn die Verstandes–Dominanz gebrochen wird und wir die Psyche als gleichberechtigten Entscheidungs- und Handlungsträger in unserem Leben anerkennen. Das heißt: wir müssen beginnen zu fühlen und zu lieben. Als erste Schritte in diese Richtung hatte ich empfohlen, den Körper wieder in Balance zu bringen und den Verstand von überholten Konzepten zu reinigen.

Der nächste Schritt, um den es im Folgenden gehen wird, muß die volle Integration unserer Psyche und unseres Geistes in unser tägliches Leben sein.

Die Psyche – ein Begriff, den ich bewußt wähle, da der deutsche Ausdruck „Seele“ zu sehr mit religiösen Vorstellungen behaftet ist – ist jener Teil unseres Bewußtseins, der uns im Wachzustand nicht voll bewußt ist, weswegen oft das Synonym „Unterbewußtsein“ verwendet wird. Gerade die Tatsache jedoch, daß die Psyche als unterhalb der Oberfläche des Bewußtseines empfunden wird, ist unser Problem.

Denn die Psyche umfaßt unsere Gefühle und Intuitionen, unsere Phantasien und Träume – allesamt Botschaften unseres Selbst. Sie ans Tageslicht zu fördern und in unser Leben zu integrieren, ist der einzige Ausweg aus der Logik- und Ratio–Dominanz unserer Kultur. Diese Kultur hat den unbewußten Teil unseres Selbst lange genug unterdrückt – eben weil das Unterbewußte nicht mit logischen Maßstäben meßbar ist, und weil unser Verstand alles ablehnt, was er nicht kontrollieren kann.
Mit der Unterdrückung und Verdrängung des Unterbewußten haben wir uns jedoch des Genies beraubt, das in uns wohnt. Unser größter Lehrer und Heiler ist zu einem Schattendasein verdammt worden, und nur ab und zu, wenn wir von einem starken Gefühl übermannt werden oder durch Drogen und Alkohol unsere rationale Kontrolle verloren haben, taucht er auf und rüttelt uns wach.
Die Indianer Nordamerikas zeigen uns den Weg, wie wir diesen Lehrer und Heiler in uns aktivieren können, und wie wir damit unserem Leben eine neue Dimension geben können. Eine Lösung unserer inneren und äußeren Konflikte ist ohne unsere Psyche nicht möglich. Unser Ziel muß es sein, mit der Psyche Kontakt aufzunehmen und ihre Botschaften ernst zu nehmen. Wir müssen lernen, diese Botschaften – die Gefühle, Intuitionen, Phantasien und Träume – zu sehen und zu hören. Vier Schritte sind dazu notwendig:

1. Erkenne deine Gefühle.
2. Löse dich von negativen Gefühlen.
3. Beobachte deine Träume und Phantasien.
4. Folge deiner Intuition.

1. Erkenne deine Gefühle.

Wie oft sagen wir, wir haben Angst vor diesem oder jenem, aber in Wirklichkeit ist es nur ein Gedanke. Wie oft regen wir uns über jemanden auf, aber eigentlich meinen wir es gar nicht. Wir sagen zwar, „ich habe Angst“, oder „ich bin wütend“, aber

beschreibt das wirklich unser Gefühl? Wo liegt die Grenze zwischen Gedanke und Gefühl?
Sie fahren eine Paßstraße und biegen um eine Kurve. Plötzlich sehen Sie direkt vor sich einen Bus, der die gesamte Breite der Straße einzunehmen scheint. Ihr Gehirn reagiert sofort, und Sie weichen aus. Ihr Herz rast, Ihre Hände zittern. Sie spüren die Wirkung dieser Angst, die Ihnen soeben das Leben gerettet hat, an Ihrem ganzen Körper. Das ist kein Gedanke, das ist Angst-Gefühl.
Ihr Partner macht eine abschätzende Bemerkung über Sie. Ihr Magen krampft sich zusammen. Sie kämpfen mit den Tränen. Sie hatten diese Situation schon früher erlebt: Ihre Mutter hatte einmal eine ähnliche Bemerkung Ihnen gegenüber vor versammelter Familie gemacht. Das ist kein Gedanke. Sie fühlen Ihren eigenen mangelnden Selbstwert.
Tiefe Gefühle sind mehr als nur Grillen unseres Verstandes. Sie nehmen unser ganzes Wesen ein. Sie verändern unseren Körper und überlagern unseren Verstand. Sie sind elementare Botschaften unseres Unterbewußtseins an unser Wach-Bewußtsein. Sie ernst zu nehmen, beginnt damit, sie zu erkennen und von Gedanken zu unterscheiden.
Und das ist nicht immer einfach. Lassen Sie mich ein persönliches Beispiel anführen.
Im Sommer 1987 erlebte ich einen passiven Anfall von Zukunfts- und Existenzangst. Mein Tagebuch vermerkt jedoch über diesen Zeitraum seitenweise Projekte für die Zukunft, Zielsetzungen und Zeitpläne. Anstatt mein Gefühl ernst zu nehmen, hatte ich versucht, es mit logischen Mitteln in den Griff zu kriegen. Wenn Luft und Wasser zusammenkommen, entsteht jedoch Bewegung, und genau das trat dann auch ein. Statt die Angst zu akzeptieren und auszudrücken, hatte meine Pläneschmiederei sie nur noch aufgewühlt und verstärkt. Völlig natürlich reagierte mein Körper auf diesen Streß mit Herz-Rhythmus-Störungen und Rückenschmerzen. Zeitpläne und Terminkalender sind Hilfsmittel für den Verstandesbereich, für das Seelenleben taugen sie nicht.

Gefühle (Wasser) können nicht mit Gedanken beantwortet werden. Gefühle müssen zugelassen und ausgelebt werden. Wenn Sie traurig sind, dann seien Sie traurig. Schieben sie es nicht weg. Wenn Sie sich verliebt haben, dann drücken Sie es aus, rationalisieren Sie es nicht weg. Gefühle zu akzeptieren, heißt letztendlich, sich selbst ernst zu nehmen und zu lieben.
Es ist in diesem Zusammenhang interessant, daß die Indianer die Bedeutung von Jesus Christus für die Menschheit sehr hoch einschätzen. Jesus – oft mit dem Symbol der Fische abgebildet – bringt das Wasser–Element in die Geschichte. Er fordert die Menschheit auf, sich selbst und den Nächsten zu lieben (Wasser!) Leider haben bis auf den heutigen Tag nur wenige seine Botschaft gehört und befolgt.
Was können wir tun, um mehr dieser Botschaft zu folgen? Wie können wir lieben, da wir doch häufig unseren Gefühlen mißtrauen?

Übung

Halten Sie von Zeit zu Zeit während des Tages inne und stellen Sie sich die Frage: Was fühle ich gerade?
Fühlen Sie Ihren Körper. Sind Sie verspannt? Wenn ja, wo haben Sie Schmerzen? Wo?
Erforschen Sie Ihren Verstand. Welche Gedanken gehen Ihnen gerade durch den Kopf?
Was fühlen Sie? Sind Sie gut gestimmt oder schlecht? Sind Sie fröhlich oder traurig?

Sinn dieser Übung ist, durch Eigenbeobachtung bewußter und den eigenen Gefühlen gegenüber sensibler zu werden.
Vermutlich werden Sie überrascht sein, welche Gefühlsvielfalt in Ihnen steckt. Je mehr sie sich auf diesen Prozeß einlassen, desto lebendiger wird Ihr Leben werden, und desto mehr Spaß werden Sie haben.
Aber Gefühle sind nicht nur Spaß und Freude. Möglicherweise sind Sie bei Ihrer Beobachtung auch Gefühlen begegnet, die unangenehm sind. Das sind dann die Gefühle, die Ihnen eine

Botschaft übermitteln wollen. Die Botschaft lautet: „Setze Dich mit mir auseinander".

Woher kommt Ihre Angst vor dem Mißerfolg? Die Ablehnung, die Sie gegenüber Ihrem Kollegen empfinden? Ihre Eifersucht auf Ihre Freundin? Ihr Haß auf die Jugendlichen? Ihr Schuldempfinden gegenüber Alten?

Seien Sie Detektiv. Finden Sie es heraus. Erlauben Sie mir der Anschaulichkeit wegen wiederum ein persönliches Beispiel.

In Los Angeles leben viele Juden. Zwei der gesellschaftlichen Gruppen, mit denen ich häufig zusammenkomme, Schriftsteller und Therapeuten, weisen eine hohe Anzahl jüdischer Kollegen auf. Zwangsläufig waren daher die ersten Kollegen, denen ich nach meiner Ankunft in Los Angeles begegnete, Juden. Dabei konnte ich die interessante Feststellung machen, daß ich ihnen gegenüber ein Gefühl der Scham und Schuld verspürte. Wieso fühlte ich auf diese Weise?

Zunächst schieden naheliegende Gründe aus. Ich bin 1952 geboren. Mein Vater war während des Krieges Soldat der Luftwaffe, kein Parteimitglied, und nach dem Krieg von den Amerikanern wegen dieser unbescholtenen Vergangenheit als Polizist eingestellt worden. Meine Mutter riskierte als Mitglied einer katholischen Untergrundgruppe in Würzburg ihr Leben. Scham für meine Familie schied also als Ursache aus.

Verstandesgemäß hatte ich mich mit dem Nationalsozialismus während meines Studiums intensiv befaßt, Bücher und Radiosendungen darüber geschrieben. Ich hatte Jahre meines Lebens dieser geschichtlichen Vergangenheitsbewältigung gewidmet. Wieso sollte ich mich schuldig fühlen? Es gab einfach keinen logischen Grund für mein Schuldgefühl.

Ich erhielt die Antwort in einem meiner Seminare, als ich die Teilnehmer in die Vergangenheit zurückführte und selbst plötzlich von Bildern überwältigt wurde. Ich sah mich deutlich als Offizier der Wehrmacht. Ich sah meine damalige Familie, meine Freunde. Und ich sah Szenen, die mich beschämten, wie einmal, als ich meinen Kopf wegdrehte, als die SS eine jüdische Familie mitsamt den kleinen Kindern abführte. Die Intensität der Szenen

und Bilder ließ keinen Zweifel zu: das war mein Leben. Das war ich.
Mein früheres, bisher unbewältigtes Leben war die Ursache meines Schuldgefühls gegenüber meinen jüdischen Freunden. Am Ende der Rückführung bat ich alle um Vergebung, deren Gesichter ich zu verdrängen versucht hatte. Und ich bat mich selbst um Vergebung.
Heute empfinde ich kein Schuldgefühl mehr. Aber ich habe gelernt, daß viele Menschen von Schuld- und Schamgefühlen geplagt werden, deren Ursache weit zurückliegt. Das kann in einer frühen Kindheit sein oder in einem früheren Leben. Nur bei einer erneuten Konfrontation mit diesem früheren Erleben können diese belastenden Gefühle „erlöst" werden. Ich habe daher Rückführungen zu einem festen Bestandteil meiner vier- und siebentägigen Seminare an Kraftorten gemacht.
Eine andere Methode, mit belastenden Gefühlen fertig zu werden, ist, sich von ihnen zu lösen. Im Folgenden werde ich Ihnen einige indianische Techniken dafür vorstellen.

2. Löse dich von negativen Gefühlen

Wenn wir über belastende oder negative Gefühle nachdenken, sind wir meist geneigt, Wege zu finden, sie so schnell wie möglich loszuwerden. Tatsächlich sind diese Gefühle jedoch unsere Lehrer und Helfer, und wir täten gut daran, sie erst einmal zu studieren, bevor wir sie aus unserem Leben verbannen.
Angst zum Beispiel kann in einer bedrohlichen Situation wie meiner Bus–Begegnung auf der Paßstraße lebensrettend sein. Angst vor etwas Neuem, vor Veränderung kann uns den notwendigen Energieschub geben, den wir brauchen, um uns voll auf die neue Situation zu konzentrieren. Die Angst wird in diesem Fall unsere Sinne schärfen, unseren Verstand ankurbeln. Angst signalisiert hier „Volle Kraft voraus!". Freilich müssen wir zuerst unsere überholten Vorstellungen, daß Angst lähmt, negativ ist etc., ablegen (siehe Teil II).
Wir können also die Energie der Angst zu unserem Vorteil nutzen. Das bedrückende Gefühl jedoch, das oft mit der Angst

verbunden ist, hat keinerlei Nutzen oder Funktion, sondern blockiert uns. Es zeigt an, daß wir innerlich nicht vertrauen. Andere Gefühle wie Eifersucht, Neid, Mißgunst und Haß hindern uns ebenfalls. Wie bereits ausgeführt, sollten wir uns zuerst bemühen, die Ursache für ihr Auftauchen herauszufinden. Anschließend ist es Zeit, sich von diesen Gefühlen zu lösen, Ihre Seele von deren Schatten zu befreien.

In der indianischen Tradition gibt es vier Techniken, sich von negativen und belastenden Gefühlen zu befreien: Die Reinigung mit dem Element Erde, mit dem Element Wasser, mit dem Element Luft und mit dem Element Feuer. Ich stelle sie Ihnen der Reihe nach vor. Wählen sie aus, welche Meditation Ihnen am ehesten zusagt. Am wirksamsten sind diese Meditationen, wenn Sie – verzeihen Sie die Wiederholung – zuerst geklärt haben, was der Urheber dieses Gefühls, von dem Sie sich jetzt lösen wollen, gewesen ist. Um auf das erwähnte Beispiel zurückzugreifen: ich war erst dann in der Lage und berechtigt, meine Schuld- und Schamgefühle gegenüber Juden loszulassen, nachdem ich mich als Urheber dieser Gefühle erkannt und mich dann mit dieser Vergangenheit versöhnt hatte.

Erst die Klärung, dann die Reinigung.

MEDITATION: Reinigung von negativen Gefühlen (Erde)

Gehe in die Natur, am besten zu deinem Kraftort, und entspanne dich. Danke der Erde und verbinde dich mit den Vier Elementen. Bitte die Energien des Ortes um Erlaubnis, ein Loch graben zu dürfen. Während du zu graben beginnst, spürst du das Gefühl, von dem du dich reinigen wirst, in dir aufsteigen. Wenn du den Eindruck hast, das Loch ist tief genug, dann lege dich davor und schreie dein Gefühl in dieses Loch. Laß es raus. Laß los.

Wenn du fertig bist, dann danke der Erde, daß sie dir diese Energie abnimmt. Schaufle das Loch wieder zu und spüre dabei tiefe Dankbarkeit in dir für die Erde.

MEDITATION: Reinigung von negativen Gefühlen (Wasser)

Diese Meditation kann an einem Gewässer in der Natur oder zu Haus unter der Dusche durchgeführt werden.
Gehe an ein Gewässer. Entspanne dich, danke der Erde und verbinde dich mit den Vier Elementen. Wenn du zu Hause in deinem Badezimmer bist, dann entspanne dich ebenfalls, danke der Erde und verbinde dich mit den Vier Elementen in deinem Haus.
Konzentriere dich auf das Gefühl, von dem du dich reinigen willst. Gehe mit beiden Beinen ins Wasser (bzw. dreh den Duschhahn auf) und bitte das Wasser, deine negativen Gefühle fortzuspülen. Fühle, wie diese Gefühle aus dir herausfließen. Laß los.
Danke der Wasser–Energie für ihre Hilfe.

MEDITATION: Reinigung von negativen Gefühlen (Wind)

Gehe in die Natur, am besten zu deinem Kraftort, und entspanne dich. Danke der Erde und verbinde dich mit den Vier Elementen. Stell dich aufrecht hin und konzentriere dich auf das Gefühl, von dem du dich reinigen willst. Bitte den Wind, dieses Gefühl fortzuwehen. Atme tief ein. Während du langsam ausatmest, laß das Gefühl ziehen. Atme es aus. Laß los.
Danke der Luft–Energie für ihre Hilfe.

MEDITATION: Reinigung von negativen Gefühlen (Feuer)

Gehe an einen feuersicheren Ort in der Natur und lege eine Feuerstelle an. Wenn du die Meditation zu Hause durchführst, dann bereite deinen offenen Kamin vor oder stelle einige Kerzen bereit (für jedes Gefühl eine). Konzentriere dich während dieser Vorbereitung auf das Gefühl, von dem du dich reinigen willst. Entspanne dich, danke der Erde und verbinde dich mit den Vier Elementen. Bitte die Feuer–Energie, die negativen Gefühle zu verbrennen. Zünde dann das Feuer oder die Kerzen an. Wirf jetzt die negativen Gefühle symbolisch ins Feuer oder in die Kerzenflamme. Wenn du an einem Feuer sitzt, kannst du deine Gefühle

auch auf Papierstreifen schreiben und diese dann dem Feuer übergeben.
Danke der Feuer–Energie für ihre Hilfe.

Diese Reinigungs–Meditationen stehen zu Beginn jedes meiner Seminare. Ich empfehle Ihnen, sie zu einem festen Bestandteil Ihres Lebens zu machen.

3. Beobachte deine Träume und Phantasien

Warum träumen wir? Welchen Sinn haben Träume? Sind sie nur ein nächtliches Abreagieren der Tagesereignisse?
Biologen und Zoologen sagen, wir träumen, weil wir Säugetiere sind. Sie fanden heraus, daß die Fähigkeit zu träumen gut 100 Millionen Jahre alt ist. Träume gibt es also solange, wie es Gehirne gibt. Und Gehirne gibt es, seit die Säuger die Fähigkeit entwickelten, Gefahren zu vermeiden und Bedürfnisse zu befriedigen. Unsere Gehirne erschaffen Handlungs–Modelle, die uns Ideen geben, wie wir agieren können.
Während des Schlafes kreiert unser Unterbewußtsein diese Modelle. Da von außen, von den fünf Sinnen, keine Information geliefert wird, stützt sich das Unterbewußtsein auf Daten, die bereits gespeichert sind: unsere Erwartungen, Ängste, Wünsche, Erinnerungen, Begierden etc. Träume erzählen uns also eine ganze Menge über uns selbst, unser „Innenleben". Sie zeigen, wie wir versuchen zu kriegen, was wir wollen, und wie wir versuchen, dem aus dem Weg zu gehen, was wir nicht wollen. Manchmal sind wir erfolgreich, und manchmal gelingt es uns nicht: das ist dann der Stoff, aus dem die Alpträume gemacht sind.
Unglücklicherweise begegenen wir zwei Problemen, wenn wir versuchen, die Botschaften unserer Träume zu entziffern: dem Nicht–Erinnern von Träumen und der Deutungsfrage.

Erinnern von Träumen

Träumen wird in den meisten Natur–Kulturen, wie zum Beispiel der der Indianer Nordamerikas, eine hohe Bedeutung in der Arbeit der Medizinleute beigemessen. Für diese Schamanen sind Träume Botschaften des Unterbewußtseins und deren Symbole Energien für Weisheit und Heilung.

Die Traumdeutung ist die Mutter der Psychologie: Freuds erstes Werk „Traumdeutung", erschienen am 4. November 1899, leitete ein neues Zeitalter ein, das 20. Jahrhundert, die Psychologie und damit die erste gründliche Auseinandersetzung mit dem Unterbewußtsein.

Wir wissen also, welche Bedeutung Träume in unserem Leben haben. Dennoch haben wir die größten Schwierigkeiten, uns am Morgen nach dem Aufstehen an die Träume der vergangenen Nacht zu erinnern.

Die folgenden Gedanken und Übungen sind nur für diejenigen bestimmt, die sich tatsächlich den Botschaften ihres Unterbewußtseins öffnen wollen. Es ist hier wie beim „Stop Smoking": es funktioniert nur, wenn Sie auch wirklich Ihre Träume ernst nehmen wollen. Nur wenn Sie dies tatsächlich wollen, werden Sie in der Lage sein, sich an Ihre Träume zu erinnern.

Aber überfordern Sie sich nicht am Anfang. Bauen Sie sich eine Brücke: Geben Sie sich selbst vor dem Einschlafen folgende Affirmation: „Ich erinnere mich an alle meine Träume." Sagen Sie diesen Satz solange vor sich hin, bis Sie einschlafen. Diese Suggestion wird in Ihr Unterbewußtsein sinken und es auffordern, Ihre Träume für Sie aufzuzeichnen.

Seien Sie jedoch geduldig, denn Ihr Unterbewußtsein wird möglicherweise Träume zurückhalten, die Sie mit Angst und Zweifeln konfrontieren würden. Sie können Ihr Unterbewußtsein nur dann davon überzeugen, diesen Schutzmechanismus fallen zu lassen, wenn Sie Ernsthaftigkeit und Ausdauer signalisieren. Beachten Sie, daß Ihr Unterbewußtsein von Natur aus darauf ausgerichtet ist, „systemerhaltend" zu handeln, zum Beispiel Ihnen negative Gefühle und Erfahrungen zu ersparen. Es dauert

eine Weile, es dahin zu bringen, auch beunruhigende Botschaften ans Wachbewußtsein zu übermitteln.
Darüberhinaus empfehle ich Ihnen, sich einen Notizblock und einen Bleistift neben Ihrem Bett zurechtzulegen. Notieren Sie alle Eindrücke sofort nach dem Aufwachen, noch bevor Sie sich bewegen. Grund für diesen Rat ist die Tatsache, daß der Körper Erinnerungen speichert. Sie können dies leicht testen, wenn Sie nach dem Aufstehen noch einmal ins Bett zurückschlüpfen und sich in die gleiche Position legen, in der Sie aufgewacht sind: Sie können Ihren vor dem Aufwachen geträumten Traum meist ohne Problem weiterträumen.
Fragen Sie sich nach dem Aufwachen als Erstes: „Was habe ich geträumt?“ Seien Sie streng mit sich selbst: Erlauben Sie keine anderen Gedanken. Bewegen Sie sich nicht, denken Sie einfach nach. Szenen und Traumfetzen werden vor Ihrem geistigen Auge erscheinen. Manchmal wird nichts auftauchen. Geben Sie nicht auf. Notieren Sie Ihre Erinnerungen auf Ihrem bereitgelegten Block oder Zettel.
Später dann, wann immer Sie Zeit haben, übertragen Sie diese Notizen in Ihr Traum–Journal oder Ihr Tagebuch. Schon nach wenigen Tagen werden Sie feststellen, daß Ihre Traum–Erinnerungen klarer und ausführlicher werden. Ihr Unterbewußtsein hat begonnen, Sie ernst zu nehmen. Es weiß jetzt, daß es Ihre ehrliche Absicht ist, seine Traumbotschaften als Helfer in Ihr Leben zu integrieren.

Traum deuten und Traum erleben

Nun, da Sie sich an Ihre Träume erinnern und sie ernst nehmen, werden Sie sich fragen: „Was sollen sie mir sagen?“
In einer Psychologiezeitschrift fand ich eine Definition in der Terminologie unserer Zeit: Träume sind die nächtlichen Ausdrucke unseres persönlichen Computers (PC). Unser Job ist es, diese Ausdrucke zu lesen und zu verstehen. Das einzige Problem ist die Sprache. Die Traumsprache (= die Sprache unseres Unterbewußtseins) hat nämlich keine Zahlen und Buchstaben, sondern sie benutzt Symbole. Im Verlauf unserer westlichen „Zivi-

lisierung" haben wir mehr und mehr verlernt, diese Symbolsprache zu verstehen.
Soweit die Zeitschrift. Wenn Sie in eine Buchhandlung gehen, werden Sie reihenweise Bücher finden, die Ihnen wie ein Sprachlexikon aus dem Dilemma zu helfen scheinen. Meistens finden Sie darin eine alphabetische Liste, in der jeder Begriff und dessen symbolische Bedeutung aufgeführt sind.
Die indianische Traumarbeit lehnt diese Art der Traumdeutung ab. Wenn Träume und deren Symbole in Wissenschaft und Publizistik nur mithilfe des Verstandes (Luft) gedeutet werden, dann kommt das Unterbewußte (Wasser) zu kurz. Ich habe bereits in dem Abschnitt über Gefühle ausgeführt, daß die weiblichen Energien des Unterbewußtseins (Gefühle, Träume) ebenso ausgelebt werden wollen wie die männlichen Energien des Wachbewußtseins (Gedanken).
Die indianische Traumarbeit – wie sie mir vermittelt wurde – ist daher nur am Rande Traumdeutung. Sie nimmt Abstand von diesen verstandesgemäßen Erklärungsversuchen à la „Pferd bedeutet Sexualität" und auch von der freien Assoziationstechnik, die von vielen Therapeuten bevorzugt wird. In dieser Technik wird der Patient gebeten, frei zu assoziieren, was das Traumsymbol wie z.B. Pferd für ihn bedeutet.
Die indianische Traumarbeit ist Traumerleben. Sie interpretiert die auftauchenden Symbole nicht, sondern fordert Sie auf, sich den Energien dieser Symbole zu öffnen, die Energien zu erleben. Dies erfordert vier Schritte:

1) *Entspanne dich. Laß alle Gedanken ziehen.*
2) *Laß jetzt den Traum vor deinem geistigen Auge wiedererstehen. Wenn du auf ein Symbol stößt, halte inne und betrachte das Symbol genauer.*
3) *Werde jetzt zu diesem Symbol. Fühle seine Energie mit deinem ganzen Wesen. Erforsche, was diese Energie in deinem Körper auslöst, welche Gefühle sie verursacht. Wenn du zum Beispiel von einem Pferd geträumt hast, dann spürst du jetzt die Kraft des Pferdes in deinen Muskeln. Wenn Gedanken*

auftauchen, laß sie ziehen. Es geht um Erfahrung, nicht um Denken.

4) *Laß dieses Symbol, das du jetzt geworden bist, dich forttragen. Folge ihm in diesem Wachtraum, wohin auch immmer es dich führen wird. Laß dich darauf ein. Wenn du dann wieder ins Hier und Jetzt zurückkehrst, vergiß nicht, der Energie deines Symbols zu danken.*

Überlege dir später im Wachzustand, wofür du diese Energie gerade in deinem Leben brauchst. Notiere es in deinem Traum-Journal oder Tagebuch.

Das Schwergewicht der indianischen Traumarbeit liegt im Erleben. Die Symbole werden als Energiequellen gesehen, die uns unser Unterbewußtsein erschließt, weil wir es – ohne uns meist dessen bewußt zu sein – gerade in diesem Augenblick unseres Lebens brauchen.
Freilich erkennen auch die Indianer an, daß es Träume gibt, die konkrete Vorwarnungen auf bevorstehende wichtige Ereignisse enthalten. Im Verständnis des „systemerhaltenden" Bestrebens unseres Unterbewußtseins empfehle ich Ihnen, derartige Traumwarnungen ernst zu nehmen.

Phantasien

Phantasien sind ebenfalls Botschaften des Unterbewußtseins. Manchmal sind sie Pläne für ein zukünftiges Projekt.
Ihr Erkennungszeichen ist, daß sie plötzlich unser Bewußtsein ohne Vorwarnung überfluten. Sie kommen von innen und unterscheiden sich daher grundlegend von Visualisationen oder anderen zielgerichteten Verstandestechniken, um die es an dieser Stelle nicht gehen kann. Sie erzeugen starke Gefühle.
Wenn Sie eine derartige Phantasie erleben, dann nehmen Sie sie ernst. Fragen Sie sich hinterher mit der oben geschilderten Technik, welches Symbol oder welches Gefühl/Energie vorherrschend war. Konzentrieren Sie sich auf diese Energie: das ist

es, was Ihrem Leben momentan fehlt. Machen Sie wiederum in Ihrem Traum–Journal oder Tagebuch Notizen.
Träume und Phantasien können Ihnen helfen, Ihren Energiehaushalt im Gleichgewicht zu halten. Sie bringen Verstand und Psyche in Balance. Freilich meldet tagsüber der Verstand nach wie vor seine Vorherrschaft an. Daß dies nicht so sein muß, sondern daß im Gegenteil die Psyche der beste Helfer des Verstandes ist, zeigen zwei Botschaftsformen des Unterbewußtseins (der Psyche), um die es im Folgenden geht: Intuition und Vision.

4. Folge deiner Intuition

Von vielen Erfindern, Wissenschaftlern und Künstlern wissen wir, daß sie ihre bahnbrechenden Entdeckungen oder Kreationen einer „Eingebung" verdanken. Wir selbst erleben manchmal derlei erleuchtende Gedanken, wenn wir mitten in einem Problem stecken und unser Verstand einfach mit keiner Antwort aufwarten kann.
Diese Eingebungen oder Intuitionen kommen vom Unterbewußtsein. Ein anderes Beispiel sind die Eingebungen, die wir manchmal haben, wenn wir an einem Projekt arbeiten oder wenn wir uns irgendwohin begeben. Plötzlich haben wir ein Gefühl, das Projekt so oder so zu gestalten oder nicht an einen bestimmten Platz zu gehen.
Schließlich gibt es die selteneren Gelegenheiten, wenn wir plötzlich unsere Zukunft klar vor Augen sehen. Wenn wir mit einem Mal wissen, wo es langgeht und was wir zu tun haben. Dies wird Vision genannt.
Intuition und Vision sind Botschaften Ihres Unterbewußtseins, mit denen es sich gewaltsam bei Ihrem Wach–Bewußtsein Gehör verschafft. Leider haben wir den Zugang zu unserem Unterbewußtsein dermaßen zugeschüttet, daß diese Botschaften nur in Ausnahmesituationen ins Tagesbewußtsein vordringen. Wir berauben uns somit einer genialen Quelle der Weisheit. Unsere Mißachtung dieser Botschaften aus der Psyche geht sogar soweit, daß wir ihnen meist mißtrauen.

Wie oft haben wir erlebt, daß uns die Intuition sagt, nicht dahin oder dorthin zu gehen oder nicht in Gesellschaft dieser oder jener Leute zu sein, wir jedoch mit einer Reihe von logischen Gründen diese unterbewußte Warnung in den Wind (Luft–Element!) schlagen. Hinterher wundern wir uns dann, warum wir ein unangenehmes Erlebnis an dem bestimmten Ort oder mit den Leuten hatten.
Die Indianer nehmen alle Botschaften des Unterbewußtseins ernst. Kein Projekt wird bei ihnen begonnen, ohne die unterbewußten Energien zu befragen. Machen Sie einmal selbst die Probe – nur für eine Woche.

Übung

Fragen Sie sich eine Woche lang, wenn Sie Entscheidungen zu treffen haben – auch die „kleinen“ unwichtigen wie „Was soll ich anziehen?“ oder „Soll ich dahin gehen?“ oder „Will ich mich wirklich mit diesen Leuten treffen?“ – was Ihnen Ihr Gefühl rät. Folgen Sie diesem Rat. Geben Sie Ihrem Verstand dabei eine einwöchige Sendepause.
Sie werden feststellen, daß Sie sich wohler und glücklicher fühlen, denn Sie werden das tun, was Sie innerlich wirklich wollen.

Es ist mit Intuitionen so wie mit Gefühlen und Träumen: Je mehr Sie sich darauf einlassen, desto mehr Rat, Hilfe und Einsicht erhalten Sie. In meinen Seminaren zeige ich den Teilnehmern die Früchte dieses Einlassens auf unser Unterbewußtseins. Die Teilnehmer setzen sich paarweise gegenüber und geben sich die Hände. Dann schließen sie ihre Augen, gehen in die Entspannung und bitten ihr Unterbewußtsein um Eindrücke (Intuitionen) über die Kindheit ihres Gegenüber. Zum Abschluß dieser „Telepathie–Übung“ erzählen sich die Teilnehemr gegenseitig, was sie über den anderen erfahren haben. Die Ergebnisse sind stets verblüffelnd!
Auf der Wellenlänge des Unterbewußtseins ist es möglich, sogar Menschen fremder Kulturen, deren Sprache Sie nicht sprechen, zu verstehen. Wenn Sie Ihrem Unterbewußtsein Aufmerksam-

keit schenken, das heißt, seine Botschaften (Gefühle, Träume und Intuitionen) ernst nehmen, dann werden Sie in der Lage sein, Ihre psychischen Fähigkeiten wie Telepathie, Hellsehen etc. zu entwickeln.
Das Unterbewußtsein ist auch die Tür, durch die Sie gehen müssen, wenn Sie zu Ihrem Überbewußtsein gelangen möchten. Der Zugang zu Ihrer Spiritualität führt nur über Ihre Gefühle. Er wird Ihnen versperrt bleiben, wenn Sie Ihre Gefühle nicht beachten und ausdrücken.
Beginnen Sie mit der Erfahrung unseres elementarsten Gefühls: der Liebe. Benutzen Sie die Erfahrung der Liebe, um Ihr Unterbewußtsein zu öffnen und damit Zugang zu Ihrem Überbewußtsein zu erhalten. Dieses Überbewußtsein, von der Psychologie als Transpersonales (= über die eigene Person hinausgehendes) Selbst bezeichnet, ist das, was ich als Geist betitelt habe: als der Teil von uns, der die Verbindung zum Gesamten, zur alles erschaffenen Energie, herstellt.
Was ist eigentlich Liebe? Sehen wir uns zur Beantwortung dieser Frage einmal die Urform der Liebe an: Es gibt keinen logischen Grund, warum Eltern ihrem Kind – diesem neuen Menschen, dem sie zur Inkarnation verhalfen – zum Mittelpunkt ihres Lebens machen, warum sie alles seinem Wohl opfern. Der einzige Grund für dieses Verhalten ist das Erleben bedingungsloser Liebe, das ein neugeborenes Kind in uns auslöst.
Wir alle haben diese Erfahrung als Kinder und als Eltern gemacht. Wir alle haben gespürt, was Liebe eigentlich bedeutet: über seine eigene Person hinauszugehen und andere in unser Leben einzuschließen, das heißt, andere am eigenen Leben teilhaben zu lassen.
Wenn wir uns im Laufe unserer Erwachsenwerdens dann aus dem Elternhaus lösen, nehmen wir diese primäre Erfahrung von Liebe mit und geben sie dann an unsere Kinder weiter. Leider nimmt diese Liebe im Streß des Alltags manchmal eine zweitrangige Rolle ein, und wir vergessen, daß sie die einzige Energie ist, die unser Leben fördert und erhält. Wie können wir die Liebe wieder zum Hauptdreh- und Angelpunkt unseres Lebens machen?

Machen Sie die folgende Meditation. Sie wird ihnen helfen, zur Liebe zurückzufinden.

MEDITATION: Die Erfahrung der Liebe

Gehe physisch oder in deiner Vorstellung an deinen Kraftort und entspanne dich. Danke der Erde und verbinde dich mit den Vier Elementen.
Richte deine Aufmerksamkeit auf deine Erfahrung von Liebe. Stell dir folgende Fragen und lasse Bilder, Gefühle und Antworten in dir entstehen. Wann in deinem Leben hast du Liebe erfahren? Erinnere dich an die Situationen und Gefühle. Laß es aus deiner Erinnerung hochkommen. Fühle es.
Wenn du mit diesem Prozeß fertig bist, dann frage dich: Wann hast du Liebe gegeben? Erinnere dich an die Umstände und Gefühle. Spüre die Energie der Liebe in dir. Genieße die Wärme, die in dir aufsteigt.
Laß dann dieses Gefühl aus dir herausströmen.
Schließe alles in diese Liebe ein: den Ort, an dem du dich befindest, die Menschen, an die du jetzt denkst. Geh dann weiter: Laß die Liebe von dem Haus, in dem du lebst, Besitz ergreifen. Stell dir vor, wie warme, hellrote Lichtströme in dieses Haus fließen und von dort in die Stadt, in der sich dein Haus befindet. Spüre die Freude in dir, wenn sich das warme Licht jetzt in deiner Vorstellung über das ganze Land ausbreitet und von dort über den gesamten Kontinent strömt. Es breitet sich weiter aus und umschließt jetzt alle Erdteile, steigt ins Weltall auf und verteilt sich in den Galaxien. Alles ist nun Liebe. Und du bist ein Teil davon.
Genieße dieses Gefühl, solange du kannst. Komm dann zurück ins Hier und Jetzt und spüre, daß dieses warme, erhebende Gefühl in dir ist.

Teil IV

FEUER = GEIST

Teil IV: FEUER = GEIST

Das Element Feuer ist im menschlichen Körper in den vier Nerven und den Sexualorganen ausgedrückt (siehe Die Vier Elemente, S. 13). In der Natur ist es in Uranenergie, Magnetfeldern und Sonnenenergie erfahrbar. Sie erinnern sich: Muskeln und Knochen machen das Erd–Element, Atem und Kopf das Luft–Element und Blut und Herz das Wasser–Element aus.

In der Überschrift zu diesem letzten Teil des Indianischen Wegs wird Feuer mit Geist gleichgesetzt. Aber, fragen mich stets meine Seminarteilnehmer, entspräche der Geist = das Überbewußtsein nicht eher dem Luft–Element? Die Zeitschrift „Esotera" (September 1991) geht sogar noch weiter. Im Interview mit Hans–Dieter Leuenberger, dem Autor des bemerkenswerten Buches „Engelmächte", zieht die Interviewerin Irene Dalichow den Schluß: „Eine Gleichsetzung von Feuer und Spiritualität ist nicht korrekt." Leuenberger hatte zuvor ausgeführt:

„Feuer soll gleichgesetzt werden mit Dynamik, mit Energie und Kraft – im Rahmen von Sexualität, von einer gesunden Aggression, einer Vitalität. Das Zupacken, das ist auch Feuer, meine ganze Lebenskraft, also alles, was mich am Leben erhält. Aber all das ist auf die Verhältnisse hier in der Materie bezogen."

Die Definition von Feuer aus dem Mund meiner indianischen Lehrer klingt zunächst ganz wie Leuenberger: Feuer ist Dynamik, Kraft und Energie. Feuer ist Licht und Wärme. Feuer erschafft. Aber dann kommt die grundlegende Erweiterung der Definition von Leuenberger: Die Lichtenergie des Feuers ist die Energie, die Körper (Materie) und Kosmos (jenseits der Materie) zusammenhält. Diese Lichtenergie drückt sich in Sexual- und Lebenskraft im körperlichen Bereich, als Vitalität und „Zupakken" auf der intellektuellen Ebene, als Erfahrung von Liebe und

Intuition im emotionalen Teil unseres Selbst und als Erleuchtung in der spirituellen Erfahrungsebene aus.
Aber auf welche Stufe wir uns auch konzentrieren: Die Feuerenergie will (wie die Wasserenergie) erlebt werden. Die Feuerenergie ist das Pferd, das uns zur Erleuchtung trägt. Aber wie können wir diese Energie anregen, so daß wir eine Erfahrung dieser Erleuchtung machen?
Sollen wir diese Energie körperlich anziehen? Jahrhundertelang wurden wir davor gewarnt, Geist und Körper zu verbinden. Wenn wir jedoch die spirituellen Traditionen betrachten, dann fällt auf, wie die oft beschriebene mystische Verschmelung, die unio mystica, der sexuellen Ekstase der Liebenden gleicht. Es überrascht von daher nicht, daß viele Heilige ihre Beziehung mit Jesus als Liebesbeziehung beschreiben. Das freie Sich–Hingeben des Sexualaktes kann auch mit der Hingabe in der Meditation verglichen werden. Wie beim Liebesakt hören in der Meditation Raum und Zeit auf zu existieren. Tarthang Tulku, Ein Tibetanischer Lama, schreibt in seinem Buch „Openess Mind“: „Liebesakt wie Meditation ist die physische (Erdelement), verstandesmäßige (Luftelement) und emotionale (Wasserelement) Hingabe.“
Die sexuelle Energie ist der körperliche Ausdruck der spirituellen Energie (siehe auch Buddhistische Sexualethik und Tantrische Lehre). Kann diese Energie auch im Verstand erfahren werden? Ja, aber nur unter Zuhilfenahme des Gefühls: Sie kann zum Helfer des Verstandes eingesetzt werden, was jedoch ein Erleben=Erfühlen der Energie notwendig macht. Die Feuerenergie erfahren heißt also in erster Linie, sie spüren. Wenn Sie die Meditation „Erfahren der Liebe“ gemacht haben, dann werden Sie diese Energie gefühlt haben.
In der indianischen Tradition wird das Erleben der spirituellen Energie auf allen vier Seins–Ebenen angestrebt. Mit Symbolen und Ritualen werden Körper, Verstand und Psyche zur Erfahrung des Geistigen angeregt.
Ich habe im letzten Teil gezeigt, daß die Indianer die Symbole des Unterbewußtseins als Energien verstehen und erleben. Diese Erfahrung ermöglicht ihnen, die rituellen Symbole, die sie für

ihr spirituelles Erleben einsetzen, mit ihrem ganzen Wesen zu erfassen. Wir haben oft Probleme, diese Hingabe der Indianer, zum Beispiel bei ihren Tänzen, nachzuvollziehen, da wir Symbolen nur mit unserem Verstand begegnen, sie nüchtern analysieren. In unserer Verstandeskultur kann daher das Spirituelle zwar erdacht (siehe „Wissenschaft" der Theologie), aber nur von wenigen erlebt und erfahren werden.
Wenn wir den indianischen Weg zur Öffnung unseres spirituellen Selbst gehen und verstehen wollen, dann müssen wir uns als Grundregel vor Augen halten, daß die Indianer alle vier Ebenen, alle Vier Elemente, in ihr spirituelles Erleben einbeziehen. Sie regen mit Ritualen Körper und Verstand an und öffnen ihre Psyche mit Symbolen, wenn sie die Verbindung zum Geist, zum Spirit, herstellen wollen. Daher müssen wir die vier Stationen dieses Weges genauer betrachten. Es handelt sich um:

1. Verstehen der Rituale;
2. Anwenden von Symbolen;
3. Suche nach Visionen (Vision Quest);
4. Kontakt mit den geistigen Helfern (spirit guides).

Bevor ich zur Erläuterung dieser vier Stationen komme, muß ich einschränken, daß es hier nicht um die Rituale der mittlerweile organisierten Indianischen Kirche (Native American Church) oder um die indianischen Feiern im Jahreslauf, wie sie heute noch in manchen Reservaten als Tradition gepflegt werden, gehen kann. Wer Näheres über diese Feiern und Rituale lesen möchte, dem empfehle ich die ausgezeichneten Bücher von Sun Bear (alle in Deutsch bei Goldmann erschienen), besonders „Leben mit der Kraft. Ein Selbsthilfebuch für das Leben in der Wildnis", und kulturgeschichtliche Werke über die Indianer. Hier, in diesem Buch, geht es um Rituale, die von jedem – gleichgültig, welchem Kulturkreis oder welcher Religion sie/er angehört – nachvollzogen werden können.

1. Verstehen von Ritualen

Mit Ritualen geben die Indianer der Erde Energien zurück und bitten den Kosmos um Bereitstellung von neuen Energien. Sie bitten um Ernte und um Frieden. Sie suchen die Vereinigung mit dem Großen Geist.
Durch Beräuchern, Trommeln, Tanzen, Singen und Beten konzentrieren sie Körper, Verstand und Gefühl auf dieses Erlebnis.

Beräuchern

Hierzu werden Salbei und Süßgras oder auch Tabak, Zeder oder Wacholder benutzt. Salbei und Tabak vertreiben die Negativität, Süßgras, Wacholder und Zeder ziehen positive Energie an.

Wenn du willst, beräuchere dich in folgender Weise:
Entzünde Salbei (oder Tabak) in einer Ton- oder Steinschale und laß es schwelen. Lenke den entstehenden Rauch zuerst auf dein Herz und über den Kopf, um den Segen auf dich zu ziehen. Richte ihn dann in die vier Himmelsrichtungen, wobei du jedem Element dankst. Fächere dann den Rauch zur Erde und zum Himmel und danke ihnen. Streife nun den Rauch in fließenden Bewegungen über deinen ganzen Körper und bitte den Rauch, deine Verspannungen, deine negativen Gedanken und alle belastenden Gefühle zu reinigen.
Danke der Feuerenergie, die das Feuer entfacht und den Rauch, die Luftenergie, geschaffen hat, die jetzt deine Negativität davonbläst.
Entzünde dann das Süßgras und fächere wieder den entstehenden Rauch zuerst zu deinem Kopf und Herzen hin, dann zur Erde und zum Himmel. Fächere dann den Rauch über deinen Kopf und bitte um neue positive Energien. Fühle sie mit dem Rauch in dich strömen. Danke wiederum der Feuer- und der Luft–Energie.

Trommeln

Mit dem Schlagen einfacher Trommeln bringen sich die Indianer in Harmonie mit den Energien der Vier Elemente. Es wird nach dem Räuchern begonnen.

Wenn du deine Energie auf diese Weise mit den Vier Elementen in Einklang bringen willst (eine andere Methode habe ich in Teil I, S. 48) vorgestellt, dann kaufe dir eine einfache Trommel und beginne, mit beiden Händen zu trommeln.
Trommle zuerst im Rhythmus der Erde. Du kommst am leichtesten in ihre Schwingung, wenn du damit beginnst, mit der Trommel deinen Körper und dein körperliches Befinden zu beschreiben. Du wirst fühlen, wie dein Rhythmus in den der Erde übergeht. Gleichzeitig wirst du eine körperliche Verbindung zur Erde spüren. Schenke ihr die Energie, die du mit deiner Trommel erzeugst.
Gehe dann zur Luft über. Drücke deine Gedanken im Trommeln aus. Gleite dann in den Rhythmus deines Atems. Trommle ihn. Bald wird er in die Luft–Vibration übergehen. Laß dich von ihr fortwehen. Beschenke die Luft mit der Energie deines Trommelschlags.
Verändere dann deinen Trommelschlag und stelle die Wasser–Energie dar. Drücke deine Gefühle aus, fühle ihre Schwingung und trommle sie. Langsam wird dein Trommelschlag in den Rhythmus des Wassers einfließen. Laß dich von ihm forttragen. Gib dem Wasser die Energie, die durch dein Trommeln frei wird, als Geschenk.
Gib dich schließlich dem Feuer–Rhythmus hin. Werde ekstatisch. Laß deine Energie heraus und verbinde dich mit der Energie des Kosmos. Spüre die Energie in jedem Trommelschlag. Laß sie dich durchstrahlen. Fühle, wie du mit Energie erfüllt wirst. Drücke im Trommeln deinen Dank für dieses Geschenk aus.

Singen

Indianisches singen unterscheidet sich grundlegend vom deutschen Lied. Denn dieses Chanting, wie die Indianer es nennen, hat keine Worte, sondern nur melodische Laute, die aus dem Gefühl heraus entstehen. Wie beim Trommeln soll durch Rhythmus und Melodie die Verbindung zu den Vier Elementen hergestellt werden und eine Brücke zum Spirit gebaut werden. Indianisches Singen eignet sich besonders dann, wenn keine Trommeln zur Verfügung stehen.

Beim Singen wird dein Gesang zu deinem rhythmischen Instrument. Folge der Anleitung zum Trommeln und drück das jeweilige Element mit deiner Stimme aus.
Du wirst überrascht sein, mit welch unterschiedlichen Tönen du zum Beispiel deinen Körper und deine Gefühle auszudrücken imstande bist.

In meinen Seminaren tun wir das im Kreis, und wenn wir bei der Feuerenergie angelangt sind, schwingen wir meist zusammen im gleichen Rhythmus wie ein Chor, Raum und Zeit vergessend. Interessanterweise ist in den letzten Jahren auch in unserem Kulturkreis (Hans–Joachim Behrendt u.a.) der Bedeutung der Töne als Ausdruck der Erd- und kosmischen Energien starke Beachtung geschenkt worden.

Tanzen

Indianische Tänze sind Rituale mit jahrtausendealter Tradition. Es kann für uns nicht darum gehen, sie zu lernen und zu imitieren. Wir können jedoch das Motiv dieser Tänze übernehmen: sich selbst mit den Vier Elementen in Harmonie zu bringen und um eine spirituelle Erfahrung zu bitten.
Die New Yorker „Schamanin“ Gabrielle Roth, in Deutschland durch ihr Buch „Das befreite Herz“ bekannt, hat aus der indianischen Tanztradition zeitgenössische Workshops entwickelt,

in denen der tänzerische Ausdruck als Bewußtwerdungs–Akt vollzogen wird.
Im Rahmen dieses Buches soll Tanz als Möglichkeit empfohlen werden, uns dem spirituellen Erleben zu öffnen.

Wie beim Trommeln drückst du im Tanz die Vier Energien aus. Zuerst läßt du dich vom Rhythmus deines Körpers und der Erde führen. Denk daran, daß der Erde, dem Norden, der Büffel entspricht. Gib der Schwingung, die du in dir fühlst, tänzerischen Ausdruck.
Tanze dann mit der Leichtigkeit einer Feder und öffne dich der Luft–Energie. Nach diesem Fliegen gehst du dann ins Fließen der Wasser–Energie über. Laß deine Gefühle in deine Bewegungen fließen. Fühle Liebe in dir und drücke sie aus. Schließlich spüre die Feuer–Energie in dir aufsteigen. Laß sie dich ganz ausfüllen und dann tanze sie.

Ein gutes Hilfmittel für diese Tanzmeditation ist Musik. Wenn Sie wollen, dann wählen Sie die Musik aus, die nach Ihrer Meinung am ehesten die Vier Element–Energien ausdrückt. Ich fand Komponisten wie Deuter, Kitaro, Vangelis, Vollenweider und auch die Klassiker als am besten für mich passend.

Beten

Die Indianer beten, wenn sie mit dem Großen Geist, Wakan Tanka (Sioux) oder Taiowa (Hopi) in Kontakt kommen wollen. Ihre Gebet stellen daher die Harmonie mit den Vier Elementen her. Sie dienen nur zur Vorbereitung, zur Herstellung des Kontakts. Der Rest ist Hingabe, Zuhören: der Große Geist wird sie erhören und zu ihnen sprechen. Seine Zeichen werden auf Erden oder am Himmel sein.
Teilnehmer meiner Seminare haben mit mir ein Gebet verfaßt, das den indianischen Geist dieser Vorbereitung auf die „göttliche Botschaft“ am besten widergibt.

Gebet zu den Vier Energien des Großen Geistes

Wenn du es beten willst, dann gehe physisch oder in deiner Vorstellung an deinen Kraftort, danke der Erde und verbinde dich mit den Vier Elementen. Sprich dann folgendes Gebet:

Großer Geist des Nordens,
Beschützer des Bodens und seiner Früchte,
der Pflanzen und Tiere,
Mutter Erde,
Kraft des Empfangens und der Nahrung,
Kraft der Geduld und Ausdauer,
Kraft des Wachstums und der Fruchtbarkeit,
laß mich mit dir verwachsen,
damit deine Kraft durch mich fließt,
und von mir ausgedrückt wird –
zum Wohle unseres Planeten
und aller seiner Lebensformen.

Großer Geist des Westens,
Energie der Luft und der Winde,
Atem, der alles belebt,
Vater Himmel
Kraft des Denkens und des Planens,
Kraft der Klarheit und Zielgerichtetheit,
Kraft der Veränderung und Herausforderung,
laß mich mit dir eins werden,
damit deine Kraft in mir weht,
und von mir ausgedrückt wird –
zum Wohle unseres Planeten
und aller seiner Lebensformen.

Großer Geist des Südens,
Energie des Wassers und der Gewässer,
Wiege allen Lebens,
Großmutter Meer,
Kraft der Erlösung und der Reinigung,

Kraft des Gefühls und Traums,
Kraft der Vergebung und Heilung,
laß mich in dich fließen,
damit deine Kraft in mir strömt,
und von mir ausgedrückt wird –
zum Wohle des Planeten
und aller seiner Lebensformen.

Großer Geist des Ostens,
Strahlen der aufgehenden Sonne,
Energie aller Atome, Großvater Feuer,
Kraft des Neubeginnens und des Erschaffens,
Kraft der Lebensenergie und des Lebensfunkens,
Kraft der Vision und Erleuchtung,
durchstrahle mich,
damit deine Kraft in mir pulsiert,
und von mir ausgedrückt wird –
zum Wohle des Planeten
und aller seiner Lebewesen.

In der indianischen Tradition schließt man jedes Gebet mit „All my relations“ (Wörtlich übersetzt: „Alle meine Beziehungen“), was soviel meint, wie: „Ich bitte auch um das Wohlergehen aller meiner Verwandten und Freunde.“
Was jetzt folgen würde, ist die Anrufung Gottes, des Großen Geistes, Wakan Tanka oder Taiowa. Diesen Akt überlasse ich jedem Einzelnen. In meinen Seminaren beginnen die Teilnehmer ab diesem Zeitpunkt mit der stillen Kommunikation mit dem Gott ihrer Vorstellungen. Da auf diesen vier- oder siebentägigen Kraft–Seminaren stets Menschen aller unterschiedlicher Religionen zusammentreffen, ist dieses Gebet ein tiefes ökumenisches Ereignis.

2. Anwenden von Symbolen

„Wir Indianer leben in einer Welt der Symbole“, erklärt Lame Deer, ein Sioux–Schamane. „Für euch sind Symbole nur Worte

und Begriffe. Für uns sind sie Teil der Natur, Teil unserer selbst: der Kreis und das Medizinrad, die Vier, die Pfeife und all die anderen Symbole unseres Lebens."
Diese Symbole haben auch für uns Bedeutung, wenn wir uns in ritueller Handlung der spirituellen Energie öffnen. Viele dieser Symbole machen nur in indianischen Zeremonien Sinn, weswegen auf deren Besprechung hier verzichtet werden muß. Einige der elementaren Symbole müssen jedoch erläutert werden.

Kreis und Medizinrad

Der Kreis symbolisiert die Unendlichkeit des Lebens, den ewigen Kreislauf, in dem alles in vollkommener Harmonie ineinander fließt. Der Kreis betont auch die Zusammengehörigkeit der Menschen, weswegen die Indianer oder die Teilnehmer an meinen Seminaren stets im Kreis zusammenkommen. Alles in der indianischen Welt ist rund: vom Haus bis zur Siedlung.
Lame Deer führt aus: „Das Symbol des weißen Mannes dagegen ist das Viereck: die Häuser sind viereckig, die Computer, die Geldscheine, die Maschinen – alles repräsentiert den Verstand."
Das Medizinrad ist der heilige Kreis. Es wird mit 36 Steinen in einer besonderen Zeremonie errichtet. Ein Stein wird in die Mitte gelegt: er repräsentiert den Schöpfer, den Großen Geist. Darum herum wird ein innerer Kreis aus sieben Steinen ausgelegt, der Mutter Erde, Vater Sonne (Himmel), Großmutter Mond und die Vier Elemente versinnbildlicht. Um diesen inneren wird ein großer äußerer Kreis angelegt, in dem vier Steine die Vier Himmelsrichtungen darstellen. Von diesen vier Richtungssteinen aus werden jeweils drei Steine zum zentralen Stein hin ausgerichtet. Zwischen den vier Richtungssteinen liegen 12 Steine als Symbol für die 12 Monde des Jahreslaufs.
Auch ohne ein Medizinrad zu errichten, können wir die Kraft dieser Symbole spüren und für uns nutzen. Die folgende Meditation zeigt Ihnen, wie.

MEDITATION: Die Kraft des Medizinrads

Gehe in deiner Vorstellung an deinen Kraftort und entspanne dich. Verbinde dich mit den Vier Elementen und danke der Erde. Stell dir jetzt ein großes Rad vor, etwa einen überdimensionalen Kompass oder eine Zielscheibe, mit vier Linien, die den Kreis in acht gleiche Abschnitte einteilen. Zur besseren Veranschaulichung betrachte Schautafel 3. Wichtig ist, daß du dir einprägst, daß der Nordpunkt oben in der Mitte des Kreises, der Südpunkt entgegengesetzt davon unten, der Westpunkt links und der Ostpunkt rechts am Kreis liegen.
Nachdem du dir so das Rad veranschaulicht hast, bitte deine Intuition, dir die Stelle auf dem Rad zu zeigen, die deinem jetzigen Lebensabschnitt entspricht. Merke dir diese Position und frage dein Unterbewußtsein, ob es dir noch weitere Botschaften dazu übermitteln will. Lausche in dich hinein.
Nachdem du alle Botschaften angesammelt hast, öffne deine Augen und vergleiche dein Ergebnis mit der unten stehenden Abbildung. Notiere deine Erkenntnisse in dein Traum–Journal oder Tagebuch. Wiederhole den Prozeß alle sechs Monate und vergleiche das neue Ergebnis jeweils mit dem vorherigen. Es wird dir eine gute Beschreibung davon geben, wo du derzeit im Leben stehst.

Eine weitere Meditation mit dem Medizinrad kann Ihnen helfen, Ihren weiblichen und Ihren männlichen Teil auszubalancieren. Konzentrieren Sie sich einfach darauf, wie Sie sich selbst empfinden: wie stark ist Ihre dynamische und wie stark ist Ihre passive Seite?

MEDITATION: Die weiblich–männliche Balance

Entspanne dich. Während sich dein Verstand auf das Kräfte–Verhältnis zwischen Weiblich und Männlich in dir konzentriert, siehst du einen Kreis (ein Medizinrad) vor deinem geistigen Auge entstehen. Stell dir vor, daß eine Linie zwischen Nord- und Südpunkt verläuft. Links von der Linie ist das Feld der Männlichen, rechts von der Linie das der weiblichen Energie.

Nimm jetzt langsam vier tiefe Atemzüge und bitte dann dein Unterbewußtsein, die Linie nach rechts oder nach links zu verschieben – je nachdem, welcher Teil größer werden soll. Betrachte jetzt den Kreis: welche Seite ist größer?
Wenn die linke Kreishälfte angewachsen ist, dann mußt du mehr deine weibliche Seite beachten und ausdrücken: Wenn die rechte Hälfte größer geworden ist, dann mußt du mehr deine männlichen Energien ausleben.

Was kannst du tun?
Die indianische Methode, wenn du mehr weibliche Energien brauchst, ist, dich nackt auf die Erde zu legen und deinen Körper mit Erdreich einzureiben. Wenn du mehr männliche Energie brauchst, dann setze dich nackt der aufgehenden Sonne gegenüber und bitte um Kraft.
Doch auch, wen du diese Methode aus praktischen Gründen nicht durchführen kannst, gibt es eine Reihe von Möglichkeiten, dich auszubalancieren.

Wenn du weicher werden, mehr weibliche Energie aktivieren mußt, dann:

- Lies Teil III dieses Buches und lebe danach;
- Höre Musik, lies Bücher oder sieh Filme, die dich emotional aufwühlen;
- Geh, sooft du kannst, in die Natur;
- Koche oder mach Hausarbeit;
- Drücke dich aus, indem du singst, tanzt, malst, schreibst etc.;
- Akzeptiere Hilfe von anderen;
- Sei passiv und pflege den Müßiggang.

Wenn du deine männliche Energie aktivieren mußt, dann:

- Lies Teil II dieses Buches und lebe danach;
- Betätige deinen Körper mit Sport und Fitnessprogrammen;
- Sei aktiv in deinem Beruf;
- Erledige alle handwerklichen Arbeiten im Haus;
- Entwickle Ziele und Projekte;

- Sei direkt und ehrlich gegenüber anderen;
- Sei ein Abenteurer und tue Dinge, die du noch nie getan hast.

Das Medizinrad kann in uns vieles auslösen: es ist das Rad des Lebens, das uns stets verrät, wo wir gerade stehen. Im Medizinrad nimmt die Zahl Vier eine zentrale Bedeutung ein. Um sie geht es im folgenden Abschnitt.

Die Vier

Bereits in der Einleitung (Die Vier Elemente, S. 13) bin ich auf die überragende Rolle der Vier im indianischen Glauben eingegangen. Die Indianer praktizieren diesen Glauben entsprechend, wenn sie Zeremonien und Rituale veranstalten: sie nehmen vier Züge, wenn sie ihre Friedenspfeife rauchen. Sie schütten viermal Wasser über die erhitzten Steine, wenn sie in der Schwitzhütte sind. Sie sind für vier Nächte auf ihrer Visionssuche. Die Sioux fordern, daß Männer vier Tugenden haben sollen: Tapferkeit, Großzügigkeit, Ausdauer und Weisheit. Frauen sollten sich in Tapferkeit, Großzügigkeit, Aufrichtigkeit und mütterlicher Sorge üben.
Ich empfehle Ihnen, diesem Rhythmus der Vier zu folgen, da er der Natur mit ihren Vier Elementen entspricht.

Die Pfeife

Wenn wir die Rolle der Pfeife in der indianischen Kultur verstehen wollen, dann müssen wir ihren Symbolgehalt erfassen.
Lame Deer beschreibt das so: „Die Pfeife – das sind wir. Der Schaft ist unser Rückgrat, der Pfeifenkopf ist unser Kopf. Der Stein (aus dem der Kopf gemacht ist) ist unser Fleisch und Blut, rot wie unsere Hautfarbe. Die Öffnung im Pfeifenkopf ist unser Mund, und der Rauch, der daraus emporsteigt, ist unser Atem."
Sun Bear gibt eine mehr kosmische Definition: „Die Pfeife repräsentiert das Universum. Der Kopf ist aus Stein, ... dem Mineralreich ..., der Welt der Urstoffe. Der Schaft besteht aus Holz

und repräsentiert das Pflanzenreich, während das Tierreich durch den Schmuck aus Fell und Federn vertreten ist. "

An anderer Stelle fährt er fort: „Wenn wir die Pfeife benutzen, erkennen wir damit unsere Verwandtschaft mit diesen Reichen an. Der Tabak ist das rituelle Opfer, das sich selbst verbrennt, damit unsere Gebete zum Großen Geist aufsteigen können. Wenn wir den Tabak in die Pfeife stopfen, dann ist jede Prise ein Opfer für eines dieser Reiche – für die Welt der Geister, für unsere zweibeinigen Brüder, für die Kräfte der vier Himmelsrichtungen und für eine besondere Heilung oder ein Gebet, das uns am Herzen liegt. Nachdem wir die Pfeife entzündet haben, opfern wir den Rauch den vier Himmelsrichtungen, der Mutter Erde und dem Großen Geist. Die Pfeife hilft uns, uns an unsere Verbindung mit dem ganzen Universum zu erinnern."

Lame Deer erklärt: „Wenn wir auf Mutter Erde stehen und unsere heilige Pfeife im Gebet emporheben, dann formt der Schaft eine Brücke von der Erde über den Menschen zum Himmel, zu Wakan Tanka, dem Großvater Geist. Jede Prise unseres Tabaks repräsentiert eines der Lebewesen auf der Erde: alle vom Großen Geist geschaffenen Kreaturen sind in dieser Pfeife. Das ganze Universum ist in dieser Pfeife im Augenblick des Gebets. Wir sind davon oft so überwältigt, daß wir in Tränen ausbrechen, wenn wir die Pfeife zu den Wolken emporheben."

Mehr über die Pfeife will ich an dieser Stelle nicht sagen, da die Pfeifenzeremonie die heiligste Handlung der Indianer ist und wir die Andacht und Weihe dieses Rituals achten und nicht kopieren sollten. In meinen Seminaren halten wir nur dann eine Pfeifenzeremonie ab, wenn wir einen indianischen Medizinmann unter uns haben, der von seinen Stammesältesten die Erlaubnis erhalten hat, die Zeremonie durchzuführen.

Steine und Kristalle

Jeder Indianer hat einen Stein oder einen Kristall als Helfer. Sie verkörpern die gebündelte Energie der Erde und helfen dem Träger, sich zu erden und Energien zu sammeln. Kristalle werden häufig von Heilern verwendet. Aus diesem Verständnis

heraus bringen die Indianer den Steinen Achtung und Verehrung entgegen.
Sie warnen uns, nicht achtlos Steine aufzusammeln, sondern stets die Energien des Ortes um Erlaubnis zu bitten, da die Steine vom jeweiligen Ort als Energie–Ausgleicher benötigt werden. Sie empfehlen ferner, der Erde Wasser, Mehl und Tabak als Dank zu geben.
Wenn Sie sich also von einem Stein angezogen fühlen, dann halten Sie diese kleine Zeremonie (siehe auch Teil I) ab. Fragen Sie dann den Stein, welche Energie er Ihnen geben möchte und in welcher Weise er Ihnen helfen kann. Meditieren Sie mit diesem Stein.
Ähnlich verhält es sich mit einem Kristall, den Sie kaufen. Erwerben sie ihn nur, wenn Sie sich von ihm angezogen fühlen. Legen Sie ihn dann für 24 Stunden in Salzwasser, um ihn von allen äußeren Energien zu reinigen. Plazieren Sie Ihren Kristall dann für einen Tag in die Sonne, damit er sich mit kosmischer Energie aufladen kann.
Einige Schamanen empfehlen auch, den Kristall für 24 Stunden oder bis zu vier Tage lang in den Schnee oder in die Gefriertruhe zu legen, da die niedrige Temperatur dem Kristall helfe, verbrauchte Energie abzugeben. Ich bin mit meinen Erfahrungen mit Salz- oder Meereswasser durchaus zufrieden.

Programmieren der Kristallenergie

Nach dem Reinigen „programmieren“ Sie Ihren Kristall: Halten Sie ihn in der Hand, wobei Sie seine Spitze nach oben richten, und danken Sie dem Geist des Kristalls dafür, daß er Ihnen helfen will. Fragen Sie ihn, ob er bestimmte Qualitäten aufweist, die Ihnen von Nutzen sein könnten. Warten Sie auf einen Gedankenblitz, ein Gefühl oder ein Zeichen.
Bringen Sie den Kristall dann zu Ihrer Brust über Ihrem Herzen und danken Sie ihm. Teilen Sie ihm nun mit, wofür Sie seine Hilfe brauchen und wozu Sie ihn verwenden möchten. Ich habe zum Beispiel einen Kristall fürs Schreiben, einen für meine Seminararbeit, einen für Therapie und einen zum Meditieren.

Wenn Sie an einen Kraftort fahren, dann nehmen Sie alle Steine und Kristalle mit, Reinigen Sie sie und laden Sie sie mit der Energie des Kraftortes auf. In meinen Seminaren legen wir die auf diese Weise neu aufgeladenen Steine bei der Schlußmeditation in einem Kreis aus. Die Energie ist fühlbar.

3. Suche nach Visionen (Vision Quest)

Die Indianer glauben, daß die Natur zu unserer inneren und äußeren Heilung notwendig ist. Nur sie kann uns helfen, unsere Probleme zu lösen. Nur sie kann uns auf den Weg, den wir verloren haben, zurückbringen. Nur sie kann uns in Visionen die Richtung weisen.
Aus diesem Glauben heraus schicken die Indianer ihre jungen Leute, wenn sie das Reifealter erreicht haben, auf eine Vision Quest, eine Visionssuche, in der der Sucher vier Nächte lang mit sich und der Natur allein ist. Ziel der Vision Quest ist es, ein Zeichen, eine Vision, zu erhalten, die dem jungen Menschen seinen künftigen Lebensweg weist.
In meinen „Kraft–Tagen“, vier- oder siebentägigen Seminaren an Orten der Kraft, wird diese indianische Tradition weitergeführt. Ich stelle Ihnen im Folgenden etwas verkürzt einige Übungen aus diesen Vision–Quest–Seminaren vor, damit Sie eine Visionssuche für sich selbst unternehmen können. Dabei ist es nicht notwendig, vier oder mehr Tage an einem Kraftort zu sein. Folgen Sie (wie immer!) Ihrer inneren Stimme und bleiben Sie solange, wie Sie es für nötig halten.

Vorbereitung

Bevor Sie sich entscheiden, eine Visionssuche durchzuführen, sollten Sie wissen, wo Sie dies tun möchten. Folgen Sie Ihrer Intuition. Vielleicht fühlen Sie sich von einem Kraftort in Ihrer Nähe angezogen. Gisela Graichen gibt in ihrem empfehlenswerten Buch „Das Kultplatzbuch“ eine Reihe von Anregungen für Kraftorte in Deutschland. Weitere Hinweise können Sie in der Reihe „Magisch Reisen“ des Goldmann–Verlages finden. Wenn

Sie eine längere Reise unternehmen möchten, dann empfehle ich Ihnen folgende starke Plätze:

Europa und Mittelmeer: Externsteine/Teutoburger Wald in Deutschland; Glastonbury/Stonehenge in Großbritannien; Montsegur/Provence in Frankreich; die Alpen; die italienischen Inseln Elba und Stromboli; die Kanarischen Inseln; Delphi und der Olymp in Griechenland; die Berge Ararat in Armenien und Elbrus in Georgien; Israel; die Pyramiden in Ägypten.
Afrika und Asien: Kilimanjaro in Kenia; Kapstadt in Südafrika; der Himalaya; Lhasa in Tibet; Wüste Gobi in China; Fuji, der heilige Berg der Japaner; Bali.
Amerika: Viele der Nationalparks in den USA; das Navajo–Reservat in Arizona mit Canyon de Chelly, Monument Valley; Sedona in Arizona; Maui/Hawaii; Machu Picchu in Peru; das Amazonas–Gebiet; die Galapagos–Inseln; die Iguazu–Wasserfälle in Brasilien.
Australien: Das Barrier Reef, Ayers Rock.

Nachdem Sie Ihre Wal getroffen haben, werden Sie sich auf die Reise vorbereiten. Und genauso, wie Sie innerlich oder tatsächlich in geschriebener Form eine Liste von den Dingen machen, die Sie mitnehmen wollen, so machen Sie eine Liste mit Fragen, die Sie auf Ihrer Visionssuche geklärt haben wollen. Zum Beispiel: Wie kann ich dieses oder jenes Problem lösen? Was ist mein Lebensweg? Was ist der nächste Schritt auf diesem Weg? Wichtig ist, daß Sie sich für diese Liste Zeit nehmen. In meinen Seminaren muß jeder Teilnehmer spätestens eine Woche vor dem Abreisetermin seine Liste in seinem Tagebuch oder Journal angelegt haben und täglich daran arbeiten. Ihre Visionssuche hat damit begonnen.
Da zur inneren auch die äußere Vorbereitung gehört, empfehle ich Ihnen, in den Tagen und Wochen vor Ihrer Reise die Ernährungs–und Fitness–Tips, die ich in Teil I gegegben habe, strikt zu befolgen. Wenn Sie Ihren Koffer packen, vergessen Sie nicht: Salbei, Tabak und Mehl (in kleinen Mengen), Ihre Kraft–Steine und Ihr Journal oder Tagebuch.

Auf der Reise

Während Sie zu Ihrem Kraftort reisen, schalten Sie von Ihrem Alltag auf die Erwartung einer völlig neuen Erfahrung um. Notieren Sie Ihre Gefühle. Beobachten Sie sich selbst. Werden Sie sich bewußt, daß diese Reise Ihr Leben verändern wird. Wenn Sie eine lange Anreise haben, dann nutzen Sie die Zeit und halten Rückschau auf Ihr Leben: Was funktioniert nicht in meinem Leben? In welchen Bereichen bin ich enttäuscht? Was tut weh in meinem Leben? Was ist meine negative Seite? Machen Sie eine Bestandsaufnahme und fragen Sie sich, was Sie verändern wollen.
Nach Ankunft an Ihrem Zielort und nach Erledigung Ihrer Unterbringung meditieren Sie. Bitten Sie die Energien des Ortes um Erlaubnis, die Kraftplätze benutzen zu dürfen. Visionssuche. Auf den Kraft–Tagen machen wir dann die Übung „Herz–Kontakt“, die ich in Teil I beschrieben habe.
Wenn Sie sich auf diese Weise eingestimmt haben, dann empfehle ich Ihnen, sich erst einmal zu entspannen und sich in einem Gewässer oder unter der Dusche Ihres Hotels von allem zu reinigen, das Sie belastet: Schmutz, alte Anschauungen, negative Gefühle. Folgen Sie den Meditationen aus Teil III.
Beschließen Sie Ihren ersten Tag am Kraftort, indem Sie sich mit seinen Vier Elementen verbinden (siehe S. 13) und die Energien des Ortes um einsichtsvolle Träume bitten. Notieren Sie diese Träume sowie alle übrigen Eindrücke und Erlebnisse in Ihr Journal. Ich persönlich führe zum Beispiel immer mein kleines Tagebuch mit mir.

Die Suche

Nehmen sie sich Zeit. Es hat keinen Sinn, am zweiten Tag sofort zu einer Kraftstelle zu gehen und zu meditieren. Öffnen Sie sich langsam erst einmal den Energien des Ortes. Die Techniken dazu habe ich Ihnen in Teil I vorgestellt. Gehen Sie einfach in die Natur und folgen Sie Ihrem Gefühl. Gehen Sie, wohin es Sie zieht.

Beobachten Sie die Natur, während Sie wandern, und vergleichen Sie sie mit den Gedanken und Phantasien, die Sie in sich wahrnehmen. Nutzen Sie Ihre Erfahrung in der Traumarbeit (siehe Teil III), wenn Sie Zeichen erhalten. Zum Beispiel: Welche Energie vermittelt Ihnen das fließende Wasser oder der singende Vogel? Was haben diese Energien mit Ihrer jetzigen Lebenssituation zu tun? Welche Widerstände begegnen Ihnen: umgefallene Bäume? Gedanken, die Ihnen keine Ruhe lassen? Hunger und Durst? Betrachten Sie alles, was Ihnen widerfährt, als Traumbotschaft.
Wenn Sie sich in den Ort eingestimmt haben – was manchmal Tage dauern kann –, dann begeben Sie sich an eine Stelle in der Natur, an der Sie sich sicher und geborgen fühlen, und machen Sie folgende Meditation.

MEDITATION: Visionssuche

Entspanne dich und verbinde dich mit den Vier Elementen. Danke der Erde und den Energien des Ortes.
Stell dir vor, der Boden tut sich neben dir auf und offenbart einen Eingang ins Erdinnere. Sieh diese Öffnung in allen Einzelheiten. Gehe dann in deiner Vorstellung in diese Öffnung und steige hinab. Über kurz oder lang wirst du auf eine Tür oder ein Hindernis treffen. Bitte den Schutzgeist dieser Pforte um Einlaß. Dieser Geist kann sich dir als Tier, als Stimme, als Person, als Energie, als Licht offenbaren.
Stell dieser Energie die Fragen, die du vor deiner Reise vorbereitet hast, und bitte um Antworten. Es kann sein, daß du wie im Traum an einen Ort geführt wirst und du dich dort Dinge tun siehst. Es kann sein, daß du in deine Vergangenheit zurückgehst und Szenen erlebst, die mit deinen Fragen zu tun haben. Es kann sein, daß dir andere Wesen begegnen. Es gibt unbegrenzte Möglichkeiten.
Laß dich darauf ein. Erlebe diesen Traum. Irgendwann wirst du dann wieder an die Erdoberfläche zurückkehren. Danke dem Schutzgeist und komme langsam ins Hier und Jetzt zurück.

Notiere dir sofort, was du erlebt hast, denn die Erinnerung verblaßt mit der Zeit wie beim Traum.
Nach meiner Erfahrung kann man mit dieser Meditation viele Antworten erhalten. Eine Vision, welchen Lebensweg Sie gehen wollen oder was Ihre Aufgabe in diesem Leben ist, erreichen Sie jedoch am ehesten, wenn Sie mit Ihren geistigen Führern, den spirit guides, Kontakt aufnehmen.

4. Kontakt mit den geistigen Helfern (Spirit guides)

Gibt es „geistige Helfer"? Wir sind gewohnt, diese Frage rasch als irrationalen Glauben wegzuwischen. Wenn wirjedoch die Kulturgeschichte der Menschheit betrachten, dann fällt auf, daß alle Religionen an die Existenz nicht–materieller Wesen, das heißt: nicht–irdischer Wesen, glauben.
Was sind diese Wesen? Wer sind sie? Was sollen wir uns unter diesem Begriff vorstellen? In den christlichen Kirchen werden diese Wesen als Engel bezeichnet. Hans–Dieter Leuenberger definiert in dem bereits erwähnten und empfohlenen Buch „Engelmächte": „Engel sind die Bilder, in die der Mensch die als Wirklichkeit erfahrenen kosmischen Kräfte kleidet und die er mit einem Namen verknüpft. Bild und Name zusammengenommen repräsentieren ... eine ganz spezifische Art dieser kosmischen Energie. Der Begriff Engel steht für kosmische Energie, und der Name sagt aus, in welcher Art und Weise diese kosmische Energie wirkt, das heißt, vom Menschen erfahren wird."
Sehen wir uns diese Definition einmal genauer an. Leuenberger sagt, die kosmischen Kräfte würden von den Menschen als Wirklichkeit erfahren. Dem ist aus kulturgeschichtlicher Sicht absolut zuzustimmen. Berichte von Energien und Kräften, die, weil sie jenseits des menschlichen Verständnisses liegen, nicht erklärt, aber erfahren wurden, finden sich in allen Kulturen der Erde. Da diese kosmischen Energien als Kräfte, die jenseits unserer rationalen Erfahrung stattfinden, erlebt werden, müssen wir sie mit Bildern beschreiben. Und dann müssen wir diesen Bildern Namen geben, da wir sonst nicht darüber kommunizieren könnten.

So gab zum Beispiel die christliche Kirche der Feuer–Energie den Namen Michael, der Wasser–Energie den Namen Gabriel, der Luft–Energie den Namen Raphael und der Erd–Energie den Namen Ariel. Mit diesen Namen waren, wie Leuenberger definiert, Bilder verknüpft, die wiedergeben, wie wir die betreffende Energie erfahren, besser: erspüren. Michael wird zum Beispiel mittels der in unserem Unterbewußtsein verankerten Bilder und deren emotioneller Energie, ein Gefühl von Kraft und Selbstvertrauen auslösen.
Die kosmische Michaels–Energie wird also zuerst ans Unterbewußtsein gesendet, von dort in Bildersprache umgewandelt – der simplizifierende Vergleich von Fernsehsender und Fernsehgerät kommt einem in den Sinn – und schließlich in die Verstandessprache (Namen) übersetzt. Dies erklärt im übrigen auch, warum Menschen eines Kulturkreises ein Grundverstehen, einen Konsensus miteinander teilen: sie haben dieselben unterbewußten Bilder.
Soweit die Definition. Wichtige Fragen bleiben jedoch offen. Zum Beispiel: Wer entscheidet, wann diese Energien gesendet werden? Wohin werden sie ausgestrahlt? Wie können sie empfangen werden?
Die christliche Kirche sagt, Gott sei der Urheber dieser Energien, und wir können sie empfangen, wenn wir ihn darum bitten. Die indianische Spiritualität stimmt dieser Antwort zu, nur ihre Begrifflichkeit ist etwas klarer.
Gott ist für sie der „Große Geist", will sagen: die Universal-Energie, die in allem ist und alles erschaffen hat. Ohne ihr ständiges Pulsieren gäbe es kein Leben, sowie unser Körper ohne das ständig fließende Blut oder das permanent schlagende Herz nicht leben könnte. Diese Universal–Energie differenziert sich für die unterschiedlichsten Zwecke: hier formt sie die Erde, dort erzeugt sie Luft, hier ist sie Wasser–Energie, dort strahlt sie Wärme aus. Die gesamte Schöpfung ist Manifestation und Materialisation dieser Energie.
Die Indianer glauben, die wichtigste Aufgabe des Menschen ist, in Einklang mit der Schöpfung zu leben und sie auf diese Weise als Ausdruck der Universal–Energie zu ehren (= Tate Topa, Der

Indianische Weg). Nur wenn der Mensch auf diesem Pfad geht, kann er Hilfe von der universalen Energie erhoffen. Diese helfende Energie ist nach dem Glauben der Indianer im Übermaß vorhanden. Für jeden Menschen hat das Universum eine Reihe von Schutzenergien, die sogenannten „spirit guides“ (= geistige Helfer) bereitgestellt, die uns unseren Weg durch das Leben erleichtern sollen.

Deine geistigen Helfer

Die geistigen Helfer sind Energien, die uns helfen zu heilen, zu erschaffen, zu lieben, uns für unseren Lebenskreis einzusetzen, ganz zu werden oder auch einfach Dinge zu tun. Die Energie, die uns da geschickt wird, manifestiert sich, um für uns wahrnehmbar zu sein, in Gefühlen und Bildern. Meist erfahren wir zuerst ein äußerst intensives Gefühl, das dann innere Bilder in uns auslöst. Diese wiederum werden dann vom Verstand in begreifbare Begriffe übersetzt. Daher haben die meisten von uns Bilder ihrer geistigen Helfer, die unserer Erfahrung entsprechen: menschliche Figuren, wenn auch mit übermenschlichen Fähigkeiten.

Mein spirit guide Red Feather zum Beispiel wird von meinem Unterbewußtsein als ein etwa dreißigjähriger Schamane erfahren. Anfänglich habe ich diesen „Bilder–Realismus“ abgelehnt, da ich glaubte, ich solle mich auf die Energie–Übermittlung konzentrieren. Später erlebte ich jedoch, daß ein sehr realistisches Personifizieren der guides – wie in meinem Fall – diesen Energietransfer sogar fördert, denn es sind die unterbewußten Bilder, die das Gefühl = das Erfahren der Energie (siehe Traumerleben) auslösen.

Wie können wir uns diesen Energien öffnen? Wie können wir mit unseren geistigen Helfern in Kontakt treten?

Meine indianischen Lehrer haben immer darauf hingewiesen, daß wir erst Körper, Verstand und Seele ins Gleichgewicht bringen sollen, bevor wir den Kontakt zu unseren geistigen Helfern herstellen. In den Teilen I bis III diese Buches habe ich

Ihnen einfache Techniken vorgestellt, mit denen Sie diese Balance herstellen können.
Nachdem Sie diese Vorarbeit geleistet haben, empfehle ich Ihnen, in Ihrem nächsten Urlaub einen Kraftort aufzusuchen und dort, nachdem Sie sich auf den Ort und seine Ernergien eingestimmt haben (siehe Orte der Kraft in Teil und Visionssuche in Teil IV), mit Ihren geistigen Helfern Kontakt aufzunehmen. Die Energien eines Kraftortes werden Ihnen bei diesem Prozeß eine wirkungsvolle Hilfe sein.
Bitte nehmen Sie sich Zeit für diese „Kontaktaufnahme". Sie müssen mit den Energien des Ortes wirklich vertraut sein und sich vorher – am besten in einem fließenden Gewässer – von aller Negativität gereinigt haben (siehe Teil III). Sie müssen sich mit den Vier Elementen des Ortes verbunden haben (siehe Teil I, S. 13). Sie sollten ferner die Universal–Energie darum bitten, Ihnen nur positive, heilende Energien zu schicken. Deswegen bestehen die Indianer auch auf der vorherigen Reinigung: es soll vermieden werden, negative Kräfte anzuziehen.
In indianischer Tradition habe ich folgendes Gebet entwickelt, mit dem Sie die Universal–Energie anrufen und um Schutz bitten können.

Gebet zum Großen Geist

Leben beginnt mit Energie,
Energie schafft Licht,
Licht schafft Wärme.

Alles Lebende ist Ausdruck dieser Energie.
Ich danke der Energie und ich ehre sie. Und ich danke meinem Geist, der aus dieser Energie geschaffen ist.

Ich bitte darum, Ausdruck dieser Energie zu sein:
Licht und Liebe.
Ich bitte darum, daß Licht und Liebe meinen Weg säumen.
Ich bitte darum, nur Licht und Liebe zu empfangen.

Zuerst bin ich im Licht. Dann ist das Licht in mir.
Und schließlich sind Licht und ich eins.

Ich preise dich, universale Energie,
Großer Geist,
Wakah Tanka,
Taiowa,
Gott,
Allah,
Jahve,
Brahma.

Sei bei mir,
denn ein Geist und ich sind eins.

Vor den letzten beiden Zeilen des Gebets können Sie die Namen, die Ihre Religion der Schöpferischen Kraft gibt, einfügen. Sie erzeugen mit diesen Namen in sich ein religiöses (religio = Rückbinden an die Energie) Gefühl, eine weihevolle Schwingung, die Sie für die Kontaktaufnahme mit Ihren geistigen Helfern vorbereiten kann oder Sie in eine Erfahrung der Universal-Energie führen kann.
Ich empfehle Ihnen, das Gebet, falls Sie es verwenden wollen, vor Ihrer Kontaktaufnahme mit Ihren geistigen Helfern zu sprechen. Ich selbst bete dieses Gebet auch, bevor ich schreibe oder Seminare gebe. Es erzeugt stets eine besondere Energie in mir.
Sie sind jetzt gut vorbereitet: Sie sind gereinigt und haben Ihre Kraftstelle gefunden. Ihr Körper und Ihr Verstand sind entspannt. Sie sind durch die Erd- und die kosmischen Energien geschützt. Sie sind bereit, mit Ihren geistigen Helfern Kontakt aufzunehmen.

MEDITATION: Kontakt zu meinen geistigen Helfern

Achte darauf, daß du völlig entspannt bist. Konzentriere dich für ein paar Augenblicke auf die Energie des Großen Geistes.

Wenn es dir hilft, sage geistig die Namen der göttlichen Energie auf. Spüre die Schwingung in dir.
Stell dir vor, daß du von weißem, gleißendem Licht umgeben bist. Spüre die Wärme des Lichtes in dir. Fühle dich darin beschützt und geborgen.
Sieh vor deinem geistigen Auge, wie sich das Licht jetzt auf deine Umgebung ausbreitet. Und während du geistig um dich herum blickst, wirst du der Gegenwart einer liebenden Energie, eines liebenden Wesens gewahr. Konzentriere dich auf diese Energie, auf dieses Gefühl der Liebe, das dir entgegenfließt. Wenn Bilder entstehen, laß sie hochkommen. Schau sie dir an. Fühle sie. Wenn du keine Bilder siehst, wirst du vermutlich intensiv fühlen.
Wenn du willst, kannst du jetzt Fragen an diese Energie oder dieses Bild stellen, zum Beispiel: Wer bist du? Weswegen bist du hier? Bist du mein geistiger Helfer? Frage, was auch immer du fragen willst, und akzeptiere, was an Antworten kommt. Ich persönlich spüre lieber die Energie meiner spirit guides, statt Fragen zu stellen. Aber der Kontakt zu den geistigen Helfern ist ebenso individuell und von Mensch zu Mensch verschieden wie dein Helfer selbst.
Am Ende deines Kontaktes dankst du deinem Helfer und bittest ihn, von nun an mit dir in Verbindung zu bleiben. Wie beim Traum empfehle ich dir, alle Begegnungen in deinem Tagebuch festzuhalten.

Mit dieser Meditation sowie den übrigen in diesem Kapitel gezeigten Übungen können Sie mit Ihrem Geist in Verbindung treten, mit jenem Teil unseres Selbst, der uns an die Universale Energie zurückbindet. Ohne diese Rückbindung (religio) ist das Gleichgewicht von Körper, Verstand, Psyche und Geist nicht möglich. Ohne sie ist daher Tate Topa, der Indianische Weg, eine Sackgasse. Ohne sie ist der ewige Kreislauf, den wir vom Licht und zum Licht zurück gehen, unterbrochen.

TATE TOPA ALS LEBENSWEG

Tate Topa, der indianische Weg der Vier Elemente, wie ich ihn hier verkürzt und vereinfacht vermittelt habe, kann uns zu innerer Harmonie führen. Schwerpunkt meiner Erläuterungen war, Ihnen einige indianische Techniken vorzustellen, die Sie auf diesen Weg bringen.

Ich bedauere es sehr, daß bei dieser praktischen Darstellung das poetische der indianischen Kultur nicht vermittelt werden konnte. Tate Topa ist nämlich nicht Technik und Know–how. Der indianische Weg ist mystisch, romantisch und voller Wunder. Doch dies zu erfahren, ist Ihnen vorbehalten, sobald Sie sich auf diesen Weg begeben haben. Dieses Buch ist nur der Einstieg, der Wegweiser, das eigentliche Abenteuer ist die Wanderung.

Wenn Sie die vorgestellten Übungen und Meditationen machen, werden Sie – wie ich es Ihnen in der Einleitung angekündigt habe – Körper, Verstand, Psyche und Geist ausbalancieren können. Ihre Reise hat damit begonnen. Ihr Ziel ist jetzt deutlich: in Gleichklang und Harmonie mit der Schöpfung und allen ihren Wesen zu leben.

Der Weg in diese Harmonie führt über die Vier Elemente. Sie zeigen uns an, wo wir im Ungleichgewicht sind. Nicht immer schaffen wir es aus eigener Kraft, das Gleichgewicht wiederherzustellen. In diesen Fällen brauchen wir Hilfe. Ich habe gezeigt, wie Sie Ihre geistigen Helfer anrufen können. Ich habe jedoch nicht erwähnt, mit welchen Mitteln Schamanen und Heiler uns helfen können.

Die indianischen Heilweisen der Schamanen und Medizinleute zu erläutern, hätte den Rahmen dieser Einführung gesprengt. Ich werde sie in einem späteren Band vorstellen. Hier ging es darum, zu zeigen, was Sie tun können – für sich selbst und unser aller Heim: die Erde.

Wenn Sie Fragen an mich haben, dann schreiben Sie bitte an den Verlag. Sollten Sie sich für die von mir veranstalteten „Kraft–Tage“, Seminare an Orten der Kraft, interessieren, dann schreiben Sie bitte an:

Kraft–Tage
– z.Hd. Christine –
Augustastr. 19
4150 Krefeld 11

Über den Autor

Peter Whiteheart ist seit zehn Jahren als Seminarleiter tätig. Seine weitreichenden internationalen Verpflichtungen haben ihm einen reichen Schatz an therapeutischen Techniken vermittelt, die er seit 1986 in seinen Seminaren an Orten der Kraft anwendet.

Peter hat nach seinem Studium der Geschichte, Literatur, Philosophie und Psychologie mit Heilern und Schamanen gearbeitet, so mit dem Stuttgarter Professor Johannes Sauter und dem Apache–Schamaneen EagleBear in Arizona. Peter ist ausgebildeter Hypnosetherapeut und Mitglied des „American Council of Hypnotist Examiners“, der „American Association of Professional Hypnotherapists“, der „Association for Research and Enlightenment“ und der „Association for Pastlife Research and Therapy“. Er gehört der Fakultät der Greenwich University in Hawaii an.

Peter ist derzeit Direktor der „Spiritual Seminars“, einer von ihm gegründeten Organisation, die es sich zum Ziel gesetzt hat, den Seminarteilnehmern durch Symbolmeditation und Imagination die heilenden Energien der Erde zu erschließen. Erfüllung, Glück und innere Harmonie sind das Ergebnis dieser Rück–Bindung an Mutter Erde. Diese Seminare fanden bisher in Sedona/Arizona, am Canyon de Chelly/Arizona, in Maui/Hawaii, in Ojai/Kalifornien, und in Joshua Tree/Kalifornien, statt.

Ab 1991 veranstaltet Peter parallel zu seinen Workshops für amerikanische Teilnehmer auch Seminare, sogenannte „Kraft-Tage“, in deutscher Sprache. Sein Ziel ist es, beide Gruppen in Zukunft zusammenzubringen. Die Sprache seiner Meditationen ist ohnehin international: Ritual und Imagination der Rück–Bindung zur Erde ist ein Erleben unseres Unterbewußtseins, und das kennt keine Sprachbarrieren.

Bibliographie

Neben den im Text zitierten Büchern empfehle ich die folgenden Autoren und Werke zum Weiterstudium. Wenn Sie die Bücher kaufen sollten, fragen Sie immer nach der neuesten Taschenbuchausgabe, da manche Ausgaben überarbeitet sein können.

1) Indianisches Denken/Indianische Kultur:

- Sun Bear: Der Pfad der Kraft. Sein Weg, wie ihn Wabun und Barry Weinstock erzählt hat. München 1983.
- Sun Bear: Leben mit der Kraft. Ein Selbsthilfebuch für das Leben in der Wildnis. München 1988.
- Sun Bear und Wabun Wind: Die Erde liegt in unserer Hand. Eine Vision unseres Planeten. München 1990.
- Mary Summer Rain: Earthway. A Native American visionary's path to total mind, body and spirit health. New York 1990.

2) Schmanismus

- Jeanne Achterberg: Imagery and Healing: Shamanism and Modern Medic. Boston 1985.
- Gary Doore: Shaman's Path: Healing. Personal Growth and Empowerment. Boston 1988.
- Neville Drury: Elements of Shamanism. Longmead, Shaftesbury 1989.
- Mircea Eliade: Shamanism: Archaic Techniques of Ecstasy. New York 1964.
- Foundation for Shamanic Studies Newsletter, (vierteljährlich), Norwalk, Connecticut.
- Michael Harner: The Way of the Shaman: A Guide to Power and Healing, San Francisco 1980.

- Shirley Nicholson: Shamanism: An Expanded View of Reality. Wheaton, Illinois 1987.
- Shaman's Drum: A Journal of Experiential Shamanism, (vierteljährlich). Berkeley, Kalifornien.

3) Erd–Bewußtsein/Erd–Wissen

- Elisabet Sahtouris: Gaia. The Human Journey from Chaos to Cosmos. New York 1989.
- Nigel Pennick: Earth Harmony. Siting and protecting your home – a practical and spiritual guide. London 1987.
- Nigel Pennick: The Ancient Science of Geomancy. Living in harmony with the earth. London 1979.
- Nicholas R. Mann: Sedona – Sacred Earth. A guide to geomantic applications in the Red Rock Country. Prescott, Arizona 1989.
- Jens M. Möller: Geomantie in Mitteleuropa. Kraftlinien und Energiezentren in Süddeutschland. Freiburg 1988.

4) Orte der Kraft:

- Gisela Graichen: Das Kultplatzbuch. Ein Führer zu den alten Opferplätzen, Heiligtümern und Kultstätten in Deutschland. Hamburg 1988.
- Natasha Peterson: Nordamerika. Heilige Orte der Kraft. München 1989.
- Cynthia L. Corbett: Powertrips. Journeys to Sacred Sites as a Way of Transformation. Santa Fe, New Mexico 1988
- James A. Swan: Sacred Places. How the living earth seeks our friendship. Santa Fe, New Mexico 1990.

5) Symbole:

- Robert Griesbeck und Peter Orzechowski: Die Kraft der Rätsel. Weisheitsspiele der Welt: Geomantie, Tarot, Runen, I–Ging, Numerologie. München 1986.

6) Tanzen:

- Gabrielle Roth: Das Befreite Herz. Die Lehren einer Großstadt–Schamanin aus New York: Rituale für Körper, Geist und Seele. München 1990.

7) Steine und Kristalle:

- Wabun Wind und Anderson Reed: Die Macht der heiligen Steine. Kristallarbeit und Kristallwissen. München 1990.
- Michael G. Smith: Crystal Power. Ancient Knowledge? Futuristic Technology? Easy–to–Build, Easy–to–Use Psychic Power Devices. St. Paul, Minnesota 1985.

8) Geistige Helfer:

- Hans–Dieter Leuenberger: Engelmächte. Vom praktischen Umgang mit kosmischen Kräften. Freiburg 1991.

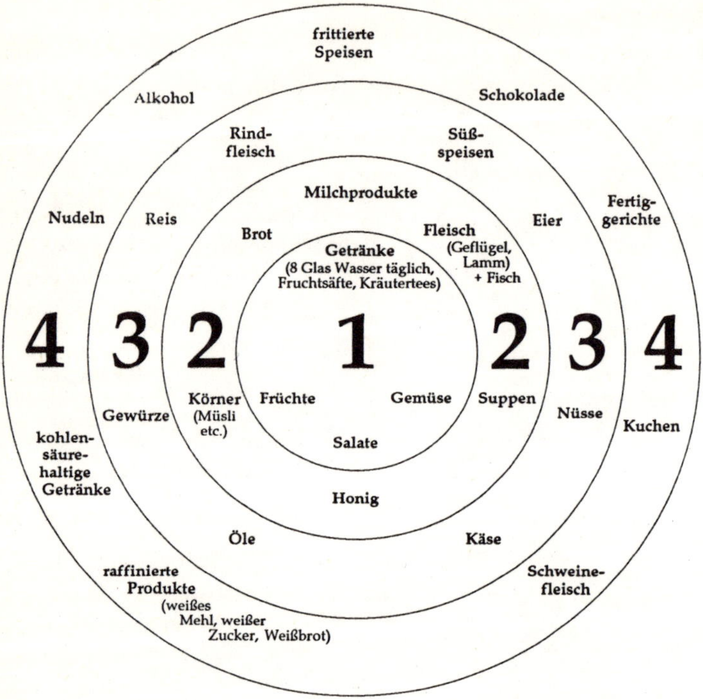

Ring 1:
Die hier aufgeführten Speisen sollten 80 % Ihrer täglichen Nahrungsmittel ausmachen. Sie bilden die Basis Ihrer gesunden Ernährung.

Ring 2:
Die hier genannten Nahrungsmittel sollten in Ihrem täglichen Speisezettel mit 20 % vertreten sein.

Ring 3:
Essen Sie diese Speisen nicht öfter als dreimal in der Woche.

Ring 4:
Vermeiden Sie die hier aufgezählten Nahrungsmittel.

Sitzen und Stehen

richtig

falsch

Während Sie stehen oder sitzen, ziehen Sie Ihren Nacken und Ihr Kinn zurück, strecken Sie sie nicht nach vorne.

Sitzen

richtig

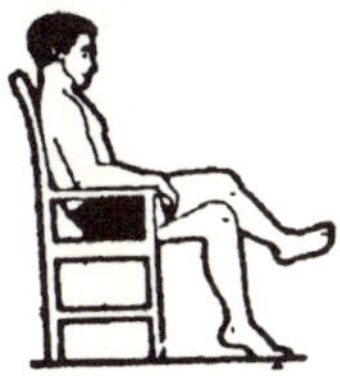

falsch

Ein gerader Stuhl mit Armlehnen unterstützt Ihre Arme und Schultern. Schlagen Sie die Beine nicht übereinander.

Ruhen

richtig

falsch

Liegen Sie nicht auf der Couch, wenn Sie fernsehen, sondern sitzen Sie aufrecht. Lagern Sie Ihren Kopf nicht auf dicken Kopfkissen, während Sie lesen.

Strecken

richtig

falsch

Greifen Sie nicht nach einem Gegenstand, der höher als Ihr Kopf ist. Benutzen Sie einen Stuhl oder eine Leiter.

Autofahren

richtig

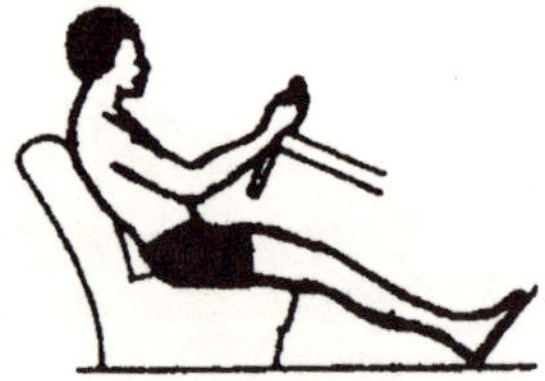

falsch

Stellen Sie den Sitz in Ihrem Auto so ein, daß Sie weder zu weit vom Lenkrad noch zu tief sitzen, sondern bequem und aufrecht alle Instrumente bedienen können. Testen Sie, ob Ihnen ein Kissen hilft.

Schlafen

richtig

richtig

falsch

falsch

Schaffen Sie sich eine harte Matratze an. Wenn Sie beim Schlafen auf der Seite liegen, dann benutzen Sie ein dünnes Kissen, um Ihren Kopf und Nacken zu unterstützen. Schlafen Sie nicht auf dem Bauch. Wenn Sie auf dem Rücken liegend schlafen, dann legen Sie ein dünnes Kissen unter Ihren Nacken, nicht unter Ihren Kopf.

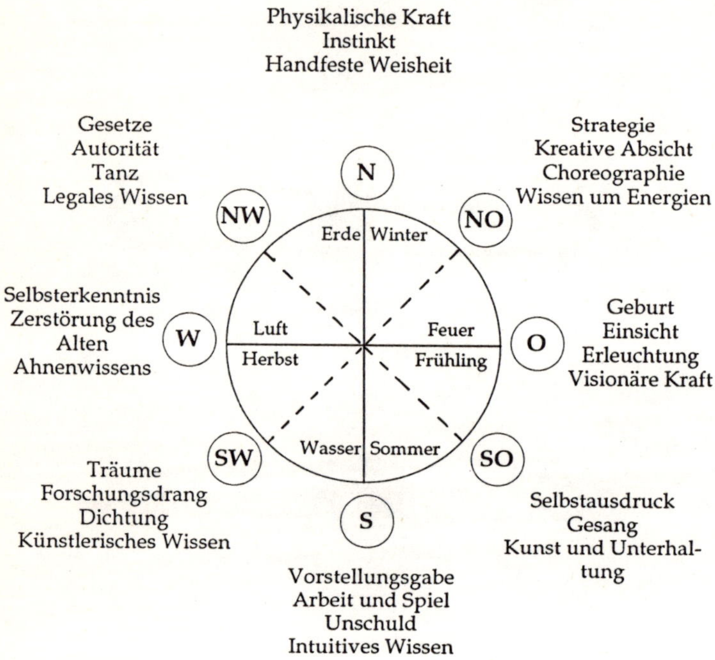
Physikalische Kraft
Instinkt
Handfeste Weisheit
Strategie
Kreative Absicht
Choreographie
Wissen um Energien
Geburt
Einsicht
Erleuchtung
Visionäre Kraft
Selbstausdruck
Gesang
Kunst und Unterhal-
tung
Vorstellungsgabe
Arbeit und Spiel
Unschuld
Intuitives Wissen
Träume
Forschungsdrang
Dichtung
Künstlerisches Wissen
Selbsterkenntnis
Zerstörung des
Alten
Ahnenwissens
Gesetze
Autorität
Tanz
Legales Wissen
N
NO
O
SO
S
SW
W
NW
Erde
Winter
Luft
Feuer
Herbst
Frühling
Wasser
Sommer

Dr. Allen C. Ross (Ehanamani)

Im Herzen sind wir alle eins

Auf der Suche nach den Ursprüngen

In den letzten zwanzig Jahren haben die nordamerikanischen Indianer eine Renaissance ihrer Sprache, Kultur und Religion erlebt.

Allen Ross gehört einem der ursprünglich sieben Stämme der Dakota (Sioux) an und wuchs in einem Reservat im Süden des amerikanischen Bundesstaates Dakota auf. In einer traditionellen Zeremonie bekam er den Dakota-Namen Ehanamani (Der-in-der-Mitte-geht).

Als er in den sechziger Jahren in Deutschland stationiert war, mußte er feststellen, daß viele Deutsche mehr über sein Volk wußten als er selbst. „Zuerst war ich beschämt, daß ich meine eigene Geschichte nicht kannte, entschloß mich aber dann, alles über mein Volk zu lernen. Also machte ich mich auf die Suche nach meinen Ursprüngen."

In den Jahren danach arbeitete er auf dem Ausbildungssektor. Vortragsreisen führten ihn in alle Teile der Welt, wo er um Verständnis für sein Volk und ein menschliches Miteinander der Kulturen warb.

In seinem Erstlingswerk **„Im Herzen sind wir alle eins"** machte er sich auf die Suche nach den Ursprüngen der Indianer Nordamerikas und die spirituellen Parallelen des „roten und weißen Mannes" und entdeckte ihre traditionellen Riten, Gebräuche, Zeremonien und Heilweisen neu. Ein Vergleich der alten indianischen Überlieferungen mit der Psychologie C.G. Jungs und den Durchsagen von Edgar Cayce bringt ihn zu erstaunlichen Erkenntnissen.

Wir sind alle ein Volk - das ist die holistische Ansicht, die Allen C. Ross in diesem faszinierenden Buch vertritt.

„Verdient den Friedensnobelpreis", so Didier Dupont, Vorsitzender der „Gesellschaft zur Pflege der Franco-Lakota-Freundschaft", Lille, Frankreich.

Preis: ca. DM 28,—
Ca. 240 Seiten, broschiert
ISBN 3-926374-31-4
Erscheinungstermin: Juni 1992

Smaragd Verlag

Heddesdorfer Straße 7, 5450 Neuwied
Tel.: 0 26 31 / 3 11 11, Fax: 0 26 31 / 2 55 14

Ulrike Gottwald

Sommer für die Seele

Meditationen mit inneren Bildern

Dieses Hand- und Textbuch vermittelt dem Leser den Reichtum innerer Bilder, mit denen er sein persönliches Leben umgestalten und glücklich und heiter stimmen kann.

Die ausführlichen Meditationstexte machen es leicht, in der Entspannung kreativ zu denken und innerlich zu sehen.

In allen Lebenslagen hilft ein bewußt geschaffenes inneres Bild, Klarheit zu finden, Lösungen zu entdecken und auf freundlichen Wegen weiterzuschreiten.

Sommer für die Seele verlangt vom Leser keine Vorkenntnisse - nur die Bereitschaft, mit den inneren Bildern zu spielen und zu experimentieren. So öffnen sich die Türen zu innerem Verstehen und äußerem Erleben.

Dr. phil. Ulrike Gottwald widmet sich in ihrer Praxis als Meditationslehrerin und mediale Beraterin der positiven Gestaltung des menschlichen Lebens. Spiel und Experiment mit den Quellen unserer Kreativität - dem bildhaften inneren Erleben - haben sie von jeher fasziniert und zu Weiterbildung und eigener Forschung motiviert.

Ulrike Gottwald lebt mit Menschen, Tieren und Bäumen am ländlichen Niederrhein.

Preis: DM 18,—
128 Seiten, broschiert
ISBN 3-926374-28-4

Smaragd Verlag

Heddersdorfer Straße 7, 5450 Neuwied
Tel.: 0 26 31 / 3 11 11, Fax: 0 26 31 / 2 55 14